Boris Alexeev

Go East

Litauen für Anfänger

Go East?

Es war erst meine zweite Nacht in Litauen und schon dachte ich, ich würde sterben. Ich erwachte, als es an der Tür klingelte. Die Wanduhr zeigte kurz vor vier. Voller Widerwillen hob ich die warme Decke an und tastete noch im Halbschlaf mit den Füßen nach meinen Schlappen. Sie waren nirgends zu finden und ich wollte schon zurück ins Bett, als es erneut schellte. Ich sprang auf, schmiss die Decke beiseite und warf einen Blick aus dem Fenster. Draußen war es stockfinster. Im schwachen Licht der Straßenlaterne machten langsam zu Boden fallende Schneeflocken auf sich aufmerksam. Ich zog mir schnell eine Jeans an, streifte ein T-Shirt über und hüpfte Richtung Tür. Der Parkettboden war kalt und mein Ärgerthermometer stieg mit jedem Schritt an. Mit beiden Händen an die dicke, mit Holz verkleidete Tür lehnend blickte ich durch den Spion. Als sich mein Auge endlich fokussiert hatte, war ich auf der Stelle hellwach. Ein leichter Ruck ging durch meinen Körper. Ich spürte, wie in meinem Kopf eine Blockade einsetzte, die jegliches Denken im Keim erstickte.

Vier schwarz gekleidete Hünen lungerten vor unserer Wohnungstür. Ihre grimmigen Gesichter, die pechschwarzen, tief runtergezogenen Mützen, die Art, wie sie da vor unserer Tür standen – all das glich einem Billigkrimi aus dem Nachtprogramm. Doch eine Fernbedienung zum Ausschalten fehlte mal wieder.

Einer der vier, ein Mann Mitte Vierzig mit groben Gesichtszügen, trat näher und presste seinen Daumen auf den Klingelknopf. Ich zuckte leicht zusammen. Von alleine würden diese Burschen nicht verschwinden - das leuchtete mir als Erstes ein. Aber noch klarer war für mich in diesem Moment eine andere Tatsache: So hatte ich mir meinen Aufenthalt in Osteuropa, in Litauen, definitiv nicht vorgestellt.

Die Klingel riss außer mir noch einen guten Freund aus dem Schlaf – Jamal schaute sich die ungebetenen Gäste durch den Spion an und blickte dann in mein ratloses Gesicht. Aus unerklärlichen Gründen dachte keiner von uns daran, die Polizei zu rufen. Stattdessen verschwand Jamal in der Küche, um Sekunden später mit einem Fleischermesser aufzutauchen. Na klar, was sonst? Jamal ging Probleme schon immer recht offensiv an. Er blickte noch einmal durchs Guckloch, versteckte das Messer hinter seinem Rücken und drehte mit der freien Hand das Schloss. Ich hörte mein Herz pochen.

Zu meinem Erstaunen fielen die Männer in Schwarz nicht über uns her. Einer von ihnen sagte etwas auf Litauisch. Hinter den trockenen Lippen blitze ein Goldzahn auf. Jamal und ich zuckten leicht mit den Achseln und schauten einander an. *Was außer unserem Hab und Gut konnten sie nur wollen?* Einer der Besucher murmelte etwas auf Litauisch zu seinem Kollegen, dann fiel plötzlich das Wort *radiator*. Der vermeintliche Chef der Brigade deutete ins Innere unserer Wohnung. *Auch wenn wir wollten, könnten wir sie jetzt nicht mehr aufhalten,* ging mir kurz durch den Kopf. Im nächsten Moment vernahm ich etwas Glänzendes - es war eine Messerklinge.

Für den Bruchteil einer Sekunde dachte ich, ich wäre im Kino. Auf der Leinwand haute gerade Jack Nicholson mit einem irren Gesichtsausdruck eine Klinge durch die Tür. Erst nach einem Blinzeln, das wie in Zeitlupe ablief, sah ich, dass sich das Messer in Jamals Hand befand. Er winkte damit unsere Gäste in die Wohnung. Auf seinen Lippen tanzte ein leicht verzerrtes Lächeln.

Ich starrte so gebannt auf das Messer, dass ich gar nicht wahrnahm, wie die Männer reagierten. Als ich hochschaute, traten zwei von ihnen ein und marschierten ins Wohnzimmer. Die anderen blieben vor der Tür stehen. In ihren Gesichtern konnte ich nur Müdigkeit vernehmen, was mich etwas beruhigte. Wie hypnotisiert folgte ich den schwarzen Schuhabdrücken im Flur ins Wohnzimmer.

Einer der Männer kniete an der Heizung und betastete den Heizkörper. Der andere schaute zu und sagte hin und wieder etwas auf Litauisch. Dann drehten sich beide in unsere Richtung und gingen ohne ein Wort zu sagen Richtung Treppenhaus. Die Inspektion war zu Ende.

Nachdem die Wohnungstür zugeschlagen war und der Spion die übliche Leere unseres Stockwerks widerspiegelte, atmete ich erleichtert aus. Schlaf fand ich in dieser Nacht trotzdem keinen.[1]

Kapitel 1

Litauen – Das unbekannte Land

Es gibt Umstände, die das Leben verändern. Und es gibt Umgebungen, die solche Umstände schaffen. Die einem die verschleierten Augen freilegen. Und die Erinnerungen hinterlassen. Erinnerungen, die man wie ein Muttermal ein Leben lang mit sich trägt.

Mein Muttermal ist ein Land in Osteuropa – Litauen. Und das obwohl ich gebürtiger Russe bin. Mit dem Baltikum hatte ich nie etwas am Hut. Mit Russland etwas mehr, weil ich in St. Petersburg, damals noch Leningrad, geboren und aufgewachsen bin. Aber nachdem mein Vater in Deutschland eine Stelle bekommen und unsere Familie in Wuppertal ein neues Zuhause gefunden hatte, geriet Russland für mich automatisch ins Abseits. Seitdem war ich nur einmal dort.

---

[1] Mehr zu diesem Vorfall auf Seite 75.

Litauen dagegen zog mich ab dem ersten Besuch an wie ein Magnet. Per Zufall kam ich damit in Kontakt, hatte Land und Leute kennengelernt und ins Herz geschlossen. Dabei wusste ich vorher nichts über das kleine Land zwischen Polen, Weißrussland und Lettland. Nicht einmal, dass es größer als die Schweiz, ja fast so groß und grün wie Irland ist. Doch mit jedem Aufenthalt in diesem Land sammelten sich Erlebnisse, die so oft im Freundeskreis und darüber hinaus erzählt wurden, dass ich mich irgendwann entschied, sie aufzuschreiben. Was folgt, ist mein ganz persönlicher, subjektiver, aber weder geschönter, noch ausgedachter Erlebnisbericht. Alles hier Geschilderte ist tatsächlich passiert.[2]

Sonne, Strand und Meer war gestern

Bevor ich die litauische Hauptstadt Vilnius für mich entdeckte und zu schätzen lernte, breitete ich mich reisetechnisch eher in die südlichen und westlichen Gefilde aus. Der Osten Europas war auf meiner persönlichen Reisekarte nicht mehr als ein großer weißer Fleck abseits aller Steckfähnchen.

Meine erste Reise nach Litauen ergab sich aus reinem Zufall.

Es war Sommer, ich hatte Semesterferien und wollte für eine Woche weg. Wohin wusste ich nicht, viel Geld hatte ich auch nicht. Die Jahre zuvor war ich mit Freunden pauschalmäßig auf Mallorca, Gran Canaria und an der Costa Brava unterwegs. Es war feucht-fröhlich und lustig, aber emotional bewegend wie eine Vorlesung über Immanuel Kant. Pauschalurlaub verspricht emotionales Schnorcheln statt Tiefgang. Das 08/15-Schema ›Sonne-

---

[2] Lediglich die Namen von drei Personen sind geändert worden.

Strand-Meer‹ verlor langsam, aber sicher seine Anziehung
…

Da kam der Vorschlag eines Freundes wie gerufen. Er
hatte im Winter den Trip Richtung Osteuropa, nach
Litauen gemacht, zusammen mit einem Kollegen, der dort
die Familie seiner Stiefmutter, einer Litauerin, besucht
hatte. Beide waren begeistert und animierten mich so zu
meinem ersten Roadtrip in den europäischen Osten.

Mit von der Partie waren meine besten Freunde:
Konstantin, kurz Kostja, Student der Raumplanung und
Mr. Nice Guy und Jamal, studierter Ökonom und
Entertainment-Genie. Und natürlich war auch ich, Boris,
Philosophie-Student und Mr. Leb-in-meiner-Traumwelt
mit von der Partie. Wir alle hatten dieselbe Schule in
Deutschland besucht, wo wir uns auch anfreundeten.

Kostja, den jeder aus meinem Freundeskreis seit der
Schulzeit der Einfachheit halber Kosta nannte, siedelte
direkt nach dem Zerfall der UdSSR mit seiner Familie aus
der sowjetischen Industriestadt Nabereschnyje Tschelny,
berühmt für die Produktion von KAMAZ-LKWs, nach
Deutschland über. In der Schule war Kosta stets leicht
auszumachen – seine schwarzen Locken trotzten der
Schwerkraft und formten sich zu einem unnachahmlichen
Afro. Kosta als einen umgänglichen Menschen zu
bezeichnen, wäre untertrieben. Von jedem Mädel, das ihn
kurz zuvor kennengelernt hatte, hörte man, er wäre der
Netteste überhaupt. Wenn Til Schweiger nett wäre, hieße
er wohl Kosta. Auf Partys sieht man Kosta stets mit
jemanden diskutieren - egal ob über Coldplay,
Verschwörungstheorien oder den 1er-BMW. Er hat
immer und zu allem eine Meinung und findet dennoch
mit jedem mühelos einen gemeinsamen Nenner.
Allerdings scheut er auch nicht davor, jemand seine
Meinung über ihn direkt ins Gesicht zu sagen. Kosta kann
sich für vieles begeistern, seine größte Leidenschaft ist
jedoch Fußball. Ein Training, geschweige denn ein Spiel

seiner Mannschaft zu verpassen kommt für den Vereinsspieler nicht in Frage. Allerdings ist er alles andere als ein Modellathlet – dazu speist er einfach viel zu gerne. Außerdem muss die Bewegung auf dem Bolzplatz ja mit Fernseh-Sessions im Couch-Potato-Stil ausgeglichen werden. Gleichzeitig lässt er keine Gelegenheit aus, seine Alkohol-Immunität zu demonstrieren – wo andere schon torkelnd die Toilette suchen oder sich im Face-Planking versuchen, philosophiert er bei klarem Verstand darüber, dass die Anzahl der Neuronen im menschlichen Gehirn - das immerhin als das komplizierteste Gebilde im Universum gilt - prinzipiell unmöglich die der Atome im Universum übersteigen kann, weil sich Letzteres im Gegensatz zum Ersteren ausdehnt. Leuchtet sofort ein, oder?

Kosta war der erste aus meinem Freundeskreis, der einen Fuß nach Litauen setzte. Seine Begeisterung hielt sich in Grenzen. Was wohl daran lag, dass er und seine Kollegen während ihres kurzen Winteraufenthalts nach durchzechten Nächten nicht vor Sonnenuntergang aus dem Haus kamen. Klar, dafür muss man nicht extra nach Litauen fahren. Aber Kosta war nicht abgeneigt, zurückzukehren und erzählte irgendwann unserem gemeinsamen Freund Jamal von seiner Idee, im Sommer mit dem Auto nach Litauen zu fahren.

Mein marokkanischer Freund Jamal tauchte in der siebten Klasse in unserem Gymnasium auf und drängte sich umgehend mit einem ganzen Arsenal von cool-dreisten Sprüchen in den Mittelpunkt. Neben ihm sah selbst der Prinz von Bel-Air blass aus. Autoritäten waren Jamal stets ein Dorn im Auge, in der Abizeitung schrieb er in die Spalte ›Berufswunsch‹ *Diktator* rein. Entsprechend standen Konflikte mit dem Lehrpersonal an der Tagesordnung. Allerdings schaffte er es jedesmal, sich mit seiner unnachahmlich charmanten Art aus der Affäre zu ziehen. Oder könnten Sie Will Smith etwas übel nehmen?

In der Öffentlichkeit war Jamal immer topgestylt, seine ewig gegelten schwarzen Haare glänzten wie ein lackierter Kamm, von den brauen Augen ging eine magische Anziehungskraft aus. Seine Outfits waren teils schriller als die von Ali G. Unter Freunden dagegen wählte er eher zwanglose Outfits wie Jogginghose und Badelatschen.

Jamal war beileibe kein Musterschüler und doch war die Bandbreite seiner Talente beängstigend: scheinbar mühelos erlernte er Sprachen, brillierte in allen Ballsportarten und brachte sich selbst Gitarrespielen bei. Jalam, wie ihn Kostas Vater fälschlicherweise nannte, besaß das Talent, unter allen Bedingungen zu überleben. Scheinbar mühelos konnte er sich an jede Situation anpassen, stets mit einem Lächeln auf den Lippen. Wegen seiner Dominanz, Wärme und inneren Ruhe wirkte er auf Frauen wie ein Magnet. Und diese wechselte er so regelmäßig wie seine Schuhe.

Umso mehr staunte ich, wenn er sich unglaublich direkt und kalt über jemand äußerte, dem er Sekunden zuvor noch sein bestes Gesicht zeigt hatte. Mehr als alles andere konnte Jamal es nicht ab, wenn jemand anders im Mittelpunkt stand, die Menge anzog, mit etwas erfolgreich war. Erst recht, wenn er sich dieser Person von Anfang überlegen sah. Dann mischte sich zur seiner spürbaren Missgunst richtiger Hass. Der allerdings genauso schnell wieder verschwand, wie er auftauchte.

Trotz seiner ungezügelten Lebensfreude gehörte Jamal zu den reifesten und ausgeglichensten Persönlichkeiten in meinem Freundeskreis. Nach dem Abitur verdingte er sich als Zivi, rappte nebenher in einer Hip-Hop-Band und fing schließlich ein duales Studium der BWL an. Seitdem stagnierte seine Lebensfreude, er äußerte sich wütend und genervt über die Leistungsgesellschaft, in der jeder Mitarbeiter nichts als Profitmittel sei, und über die in diesen Kreisen herrschende Gefühlsarmut und Unmenschlichkeit …

Was meine Wenigkeit angeht, so liege ich laut Äußerungen anderer äußerlich irgendwo zwischen Neil Patrick Harris - ihr wisst schon, der Kerl aus »How I Met Your Mother« - und Quentin Tarantino. Allerdings habe ich im Gegensatz zu diesen beiden Wangengrübchen und kann meine Nasenflügel nach Belieben aufblähen. Der Augenarzt meint, ich habe *„außergewöhnliche visuelle Fähigkeiten"*, kann mir aber auch nicht erklären, was ich dann bei ihm zu suchen habe. Ich habe eine Narbe am rechten Ringfinger, die mich jedesmal an den missglückten Versuch erinnert, über den Zaun eines Wuppertaler Freibads zu klettern und eine Narbe am Bauch, die nach der Entfernung eines Leberflecks geblieben ist. Wenn die einer sieht, sage ich immer, mir wäre ne Kugel entfernt worden.

Ein Künstler auf dem Montmartre, mit dem ein Freund und ich eine stundenlange Diskussion über das Leben, die Kunst und die Philosophie hatten, sagte mal, ich wäre ein guter Kritiker, was mir irgendwie schmeichelte — vor allem, weil er daraufhin umsonst ein Porträt von mir anfertigte. Laut einem Persönlichkeitstest bin ich introvertiert, skeptisch, schweigsam und eher kühl. Was ich auch unterschreiben würde, wenn es sich nicht so negativ anhören würde.

Als ich in die fünfte Klasse eines deutschen Gymnasiums in Wuppertal kam, konnte ich bis auf das für jeden Russen selbstverständliche ›Hände hoch!‹ und ›Ja‹ kein Wort Deutsch. Das bot Mitschülern eine endlose Angriffsfläche:

»Boris, um wie viel Uhr haben wir morgen?«

»Ja.«

»Ja was?«

»Ja ...«

»Kannst auch was anderes sagen?«

»Was anderes ...«

Glücklicherweise freundete ich mich dort mit Kosta an, der sowohl Russisch als auch Deutsch sprach. Er erklärte mir schnell, warum es »Vera ist *ein* Schwein« und nicht wie im Russischen »Vera ist Schwein« heißt. Ich schnappte mir schnell die geläufigsten Ausdrücke auf und schmuggelte mich irgendwie ins nächste Schuljahr. Es folgte die Karriere eines absoluten Spätzünders. Trotz fehlender typischer Ablenkungen – eine Disko sah ich erst mit 19 von innen, ein Mädel küsste ich das erste Mal mit 20 – war ich ein mittelmäßiger Schüler. Bis meine Deutschlehrerin mal en passant sagte, nicht jeder wäre fürs Abitur bestimmt. Sie hatte einen Militärhaarschnitt, trug Wanderschuhe und benotete Klausuren anhand eines vorgefertigten Häkchen-Schemas. Ihr Kommentar gab mir zu denken, denn die Option, kein Abitur zu machen kam in meinem Kopf einfach nicht vor. Die einzigen Fächer, in denen ich immer gut war, waren Sport und Kunst; später kam Philosophie hinzu.

Mit dem Abitur in der Tasche entschied ich mich nach langem Hin- und Her-Überlegen und zum Entsetzen meiner Mutter für das Studium der Philosophie. Die Frage, was ich später damit machen wolle, hörte ich da zum Glück das erste Mal.

Das Studium lief recht gut, logisches Denken, das die Philosophie ausmacht, lag mir, die meisten Prüfungen schloss ich mit einer Eins ab. Das Studium war linear und vorhersehbar, doch es gab auch noch Semesterferien …

Eines Tages, die Ferien hatten soeben angefangen, traf ich mich mit Kosta und Jamal. Den ganzen Abend über schwebte ein Wort im Raum: Tapetenwechsel. Wir waren uns einig, dass eine kleine Reise uns allen gut tun würde. Allerdings ließ das Studentenbudget nicht viel Raum zum Träumen. Als Kosta schließlich von seinem Trip nach Litauen erzählte, war das Reiseziel gefunden.

Nicht dass ich und Jamal sonderlich von Kostas Erzählungen begeistert waren. Wir freuten uns einfach, etwas Neues zu sehen. Über Litauen wusste ich null Komma nix. Die Assoziationen reichten gerade mal für Ostblock, Blockbauten und Basketball. Bei meinen Freunden sah es ähnlich aus. Kostas Erinnerungen an seine paar Tage im Winter hatten irgendwie wenig mit Litauen zu tun. Dafür mehr mit Alkohol, Alkohol und Frauen …

Neugierig tippte ich das Wort *Litauen* in die Suchmaschine ein. Diese gab Folgendes zur Antwort:

Litauen liegt am Rande der osteuropäischen Tiefebene an der Ostsee. Im Norden grenzt es an Lettland, im Osten und Süden an Weißrussland, im Südwesten an Polen und an das Kaliningrader Gebiet. 20 km oberhalb von Vilnius liegt das geographische Zentrum Europas. Litauen ist das größte der drei baltischen Länder. Es übertrifft an Größe Länder wie Belgien, Dänemark, Schweiz und die Niederlande. In Litauen leben 3,3 Millionen Menschen, 550.000 davon in der Hauptstadt Vilnius. Es gibt 2.830 Seen und mehr als 29.000 Flüsse.[3]

Wirklich viel sagte mir diese Beschreibung nicht, aber zumindest hatte ich nun ein paar Eckdaten im Kopf, die mir das beruhigende Gefühl gaben, zumindest etwas über dieses unbekannte Land zu wissen. Dass in Litauen der geographische Mittelpunkt Europas läge, überraschte mich am meisten. Osteuropa als Mittelpunkt Europas? Das hörte sich interessant an.

Als meine Eltern von unserem Vorhaben Wind bekamen, lautete ihr erster Kommentar: »Passt auf, die sind da auf Russen nicht gut zu sprechen.« Die Sache wurde noch interessanter.

Übers Internet mieteten wir eine überaus günstige Wohnung im Zentrum von Vilnius, Litauens Hauptstadt. Aus reinem Interesse – schließlich wollten wir mit dem

---

[3] www.litauen-info.de

Auto fahren - schauten wir auch nach günstigen Flügen. Zum Glück gab es keine – so blieb uns die Zwickmühle ›Roadtrip vs. Komfort-Flug‹ erspart. Vor uns lagen 1.500 Kilometer.

Alle an Bord?

Da waren wir also: Kosta, Jamal und meine Wenigkeit. Voller Aufbruchstimmung und zu allem bereit. Als ginge es darum, die Landkarte von weißen Stellen zu befreien. Es gab nur ein Problem. Ein vierter Mitfahrer wollte sich einfach nicht auftreiben lassen. Und zu dritt drückten die Benzin- und Mietkosten zu sehr auf die Geldbeutel.

Nach endlosem Rumtelefonieren erklärte sich schließlich ein Freund bereit, mitzukommen. Allerdings ausgerechnet ein depressiver Hypochonder, der in seinen vier Wänden scheinbar mehr Zeit verbrachte als Tage auf Erden. *Na das kann ja was werden* leuchtete auf meiner Stirn, als unsere Truppe endlich vollständig war. Aber ich hatte mich zu früh auf Abenteuer eingestellt.

Am Tag der Abreise, als Jamal, Kosta und ich zu unserem Last-Minute-Passagier unterwegs waren, klingelte plötzlich mein Handy. Mit einer wehleidigen Stimme erklärte unser Stadtneurotiker, dass es ihm unglaublich schlecht ginge. Lebensvergiftung mit Mitteln oder so - ich hörte schon gar nicht mehr hin. Die Jungs reagierten überraschend gelassen. Anscheinend hatten sie einen Plan B parat, von dem ich nichts wusste.

Plan B war recht simpel: trotzdem fahren. Ohne die Lusche. Memmen hatten bei so einem Trip sowieso nichts zu suchen.

Nach dem Tanken setzten wir uns kurz hin. Ich horchte in mich. Eine Sekunde lang fragte ich mich, was ich da eigentlich vor hatte. Was hatte ich in diesem Land, in Litauen, zu suchen? Ich hatte keine Antwort auf diese Frage. Aber ich wollte unbedingt etwas finden …

Stunden später, auf der Autobahn, tauchte dann endlich das Gefühl der Vorfreude auf. Das Kribbeln im Bauch, das Feuer, das sich entzündet, wenn man sich freut, aber nicht weiß, worauf.

Die Fahrt durch Deutschland Richtung Polen war alles andere als aufregend – das waren nur die Benzinpreise. Kurz vor Mitternacht erreichten wir schließlich die deutsch-polnische Grenze. Es kam mir vor, als wären wir statt sechs nur zwei Stunden unterwegs gewesen. Vermutlich weil ich die Hälfte der Zeit am Ratzen war. Wenige Kilometer vor dem Grenzübergang verlangsamte sich der Verkehr, die Fahrbahn wurde zweispurig. Ich kurbelte die rechte Scheibe runter und steckte meinen Kopf nach draußen. Neben uns stauten sich LKWs mit polnischen, litauischen und ukrainischen Kennzeichen. Es stank fürchterlich nach Abgasen. Die Trucker - Uwe, Darius, Tomasz - in ihren zerknautschten Joggingjacken samt Fünftagebärten schauten müde aus ihren Kabinen auf unser langsam vorbeitrabendes Gefährt runter. In einigen Blicken erkannte ich leichte Missgunst. Was mich innerlich freute. Sie waren die Bösen, die warten und wir die Guten, die als erste am Ziel ankommen mussten. Anscheinend stand ein langer Boxenstopp vor ihnen. Pech gehabt – das süße Gefühl der Schadenfreude ließ ich mir nicht nehmen.

Schließlich, wir waren bereits in Sichtweite des Grenzübergangs, stoppte die Autokolonne vor uns. Zehn, 20, 30 Minuten vergingen. Nichts tat sich. Auch wir waren gestrandet. Die Beamten müssen ihre Nachtruhe einhalten, scherzten wir noch voller Hoffnung, dass es bald weitergehen würde. Allerdings dauerte es noch zwei weitere Stunden, bis wir endlich die Grenze passiert hatten. Und unerklärlicherweise wurden einige LKWs vorgelassen. Wer zuletzt lacht, lacht eben am Besten.

Polen auf die Schnelle

Das erste, was uns in Polen auffiel, waren die Nachtclubs, die direkt hinter der Grenze wie Pilze aus dem Boden schossen. Einen Vorteil hatten diese Etablissements. Ihre markanten Neonröhren waren bereits aus der Ferne bestens auszumachen. Dadurch erleichterten sie die nächtliche Orientierung ungemein. Denn Straßenbeleuchtung war hier schlicht nicht vorhanden. *Wenn dir hier was passiert, hört dich wirklich keiner schreien*, ging mir durch den Kopf. Einige Energydrinks später fanden wir uns auch mit den teils meterbreiten Schlaglöchern, der rabiaten Fahrweise der Einheimischen und ihrer scheinbaren Vorliebe für nächtliche Spaziergänge auf Landstraßen ab. Was uns eher skurril vorkam, war die Tatsache, dass unsere vor allem von LKWs befahrene West-Ost-Route immer wieder durch die Zentren von zwei-Seelen-Gemeinden verlief. In diesen Geistersiedlungen hatte der ordentliche Autofahrer sich ans Tempo 30 zu richten.

Das taten wir natürlich nicht. Und bekamen prompt die Rechnung dafür. Der Polizist, der uns runterwinkte, hatte es nicht besonders eilig. Er war Mitte Vierzig und trug ein knittriges Hemd, das an den Achselrändern mehr dunkel als blau war und sich weiter südlich wie ein Luftballon spannte. Ich presste die Lippen aufeinander, um das unvermeidliche Lächeln zu kaschieren. Schließlich ist die Autorität eines Polizeibeamten unantastbar.

»Documents«, sagte der Uniformierte mit einem leicht künstlichen Blick, in dem Müdigkeit und Langeweile eine unzertrennliche Symbiose bildeten. Kosta, der am Steuer saß, griff in seine Hosentasche, um die Autopapiere rauszuholen. Während ich den Beamten mit seinem außer Kontrolle geratenen Schnäuzer und der schief sitzenden Mütze musterte, liefen die folgenden Zeilen irgendeiner Buchkritik wie ein Teleprompttext vor meinen inneren

Auge ab: *Die dargestellte Person ist eine überzeichnete Karikatur und verliert dadurch jegliche Glaubwürdigkeit.*

Der Beamte studierte in aller Ruhe unsere Papiere, als sich plötzlich aus dem Funkgerät in seinem Wagen eine aufgeregte Stimme meldete. In seinen schwarzen Knopfaugen flammte kurz Leben auf. Er drückte Kosta die Papiere in die Hand und rannte hastig zu seinem Auto. Als der Wagen mit quietschenden Reifen davon düste, brachen wir in lautem Gelächter aus. Natürlich war ein Wodka-Ausverkauf im Kiosk um die Ecke unsere erste Vermutung.

Wenig später passierten wir eine mit Blockbauten übersäte Stadt. Dem Ortsschild nach hieß die Stadt *Plock*. Wir tauften sie augenblicklich in Monsterplock um. Staub lag in der Luft und es roch nach verbrannten Autoreifen. Auf der Suche nach etwas, dass von der allgegenwärtigen Tristesse ablenken konnte, drehten wir unsere Köpfe langsam hin und her. Plötzlich fiel uns ein Mann in einem Jogginganzug auf, der etwa hundert Meter vor uns in aller Seelenruhe unsere dicht befahrene Fahrbahn überquerte. Damit verursachte er ein abruptes Bremsen der Autokolonne vor uns.

»Geht der einfach über die Straße!«, kommentierte Jamal halb erzürnt, halb erstaunt die Situation. Erst aus der Nähe realisierten wir, warum der Mann sich wohl im Recht sah. Die Überreste eines Zebrastreifens zierten den zerfurchten Asphalt unter uns.

Vier Stunden später erreichten wir die polnisch-litauische Grenze. Glücklicherweise war hier nichts los. Der düster dreinblickende Beamte musterte einige Sekunden lang unsere Ausweise. Ich stellte mir kurz vor, wie es wohl wäre, wenn er »Was zum Teufel habt *ihr* denn hier verloren?« von sich geben würde. Aber er sagte nichts und wenige Sekunden später waren wir offiziell in Litauen.

Ich spürte die Aufregung in mir. Wie würde der erste Eindruck von Litauen sein? Ich schaute mich um. Die von Kiefern gesäumte Straße vor uns war komplett leer und schien nicht enden zu wollen. Über uns erstreckte sich ein endloses hellblaues Meer mit vereinzelten Sahnehäubchen. Als das Grenzhäuschen endlich außer Sicht war, kurbelten wir die Seitenfenster runter. Es folgte ein ohrenbetäubendes Jubelgeschrei. Wir waren endlich in Litauen.

Etwas ist faul im Staate Litauen

Kurz nachdem wir das Ortsschild von Vilnius passiert hatten, tauchte eine rote Ampel auf. Wir bremsten ab und wir schauten uns etwas um. Die Sonnenstrahlen fielen durch die Windschutzscheibe auf unsere freudigen Gesichter. Als ich den Kopf aus dem Fenster steckte, erfasste eine Brise mein Haar. Über mir schwebten hier und da Wölkchen aus Zuckerwatte vor einer hellblauen, nur mit Kondensstreifen verzierten Kulisse. Ich fühlte mich frei und unbeschwert. Eine unbekannte Stadt lag vor mir und ich konnte es kaum abwarten, sie zu erkunden.

Minuten später, wir waren bereits mitten im Zentrum von Vilnius, besetze plötzlich ein widerlicher Gestank das Innere unseres Autos. Es roch nach verbranntem Gummi. Ich wollte nicht glauben, dass es unser Auto war, das diesen beißenden Duft verbreitete und kurbelte das Fenster runter. Der Gestank kam ganz klar nicht von draußen. Wir hielten an und warfen vorsichtig einen Blick unter die Motorhaube.

Über dem Motorblock schwirrte eine Wolke aus Wasserdampf. Leider roch sie so gar nicht nach Wasserdampf. Mein Magen knurrte auf. Es war noch nicht klar, wie schlimm der Schaden war, aber in

Gedanken ging ich vom Schlimmsten aus: Motor hin, das Auto können wir vergessen. Eine Ameise lief mir den Rücken runter. Ich blickte zu Jamal und Kosta. Ihre Gesichter sahen nicht gerade zuversichtlich aus. Gerade angekommen und dann so was …

Auf der Suche nach unserer Mietwohnung vertiefte ich mich in die Stadtkarte. Und realisierte bald, dass unsere Wohnung nur einen Block entfernt war. Glück im Unglück sollte das wohl heißen. Auch der Defekt schien schnell gefunden. Ein Kühlschlauch war geplatzt und das Kühlwasser lief aus, ohne seine Funktion erfüllen zu können. Erleichterung wollte sich trotzdem nicht einstellen. Kosta fragte einen Einheimischen, der soeben das benachbarte Haus verließ, auf Russisch nach etwas Wasser. Der Mann willigte augenblicklich ein, verschwand wieder im Haus und tauchte einige Minuten später mit einer vollen Plastikflasche auf. Wir gossen das Wasser in den Kühltank und erkundigten uns nach einer Werkstatt. Nachdem uns der Mann nahezu alles, was er über Automotoren und Werkstätten wusste mitgeteilt hatte, bedankten wir uns überschwänglich und fuhren die wenigen hundert Meter zu unserer Wohnung.

Vor Ort angekommen, setzten wir uns telefonisch mit der Agentur in Verbindung, bei der wir die Wohnung gemietet hatten.

Ms. Veronika, unsere Kontaktfrau, hob erst nach mehreren Versuchen ab und schien ziemlich gestresst zu sein. Sie sagte, sie würde jemand vorbeischicken.

Eine Viertelstunde später tauchte ein kleiner, dürrer Mann in einer zerzausten schwarzen Lederjacke auf, der sich als Tomas vorstellte. Sein hageres Gesicht war ausdruckslos, die Augen glasig. Er sprach sehr leise und unglaublich monoton; seine Zähne waren zerfressen von Karies. Alles in einem glich er einem Drogenjunkie - darüber waren wir uns schnell einig und tauften ihn intern auf den Spitznamen Crack-Tomas. Wie er uns auf

Russisch erklärte, sollte er uns die Wohnung zeigen und
die Miete kassieren. Letzteres entnahmen wir seinem
Kommentar »Money, money!«

Mit letzter Kraft schleppten wir unser Zeug in die
Wohnung und händigten Tomas die Wochenmiete aus.
Das Auto wurde im Innenhof abgestellt. Und damit auch
vorläufig unsere Sorgen. Unsere Residenz befand sich
mitten in der Altstadt, was den Autoeinsatz vorerst
überflüssig machte. Falls wir etwas bräuchten, sollten wir
uns telefonisch melden, teilte uns Tomas mit und
verschwand. Soweit, so gut. Ich legte mich auf die Couch
und fixierte die Decke, die immer unschärfer wurde. In
meinem Körper kehrte langsam Ruhe ein.

Stadterkundung geht durch den Magen

Am Abend machten wir uns auf die Suche nach einem
Schnell-Restaurant, denn das Knurren in der
Bauchgegend wurde immer lauter. Die Suche dauerte
nicht lange. Eine Viertelstunde später saßen wir im Laden
mit der gelb-roten Aufschrift *Cili Picas*. Hier standen
nicht nur Pizza jeder Art, sondern auch einheimische
Gerichte auf der Speisekarte. Genau das Richtige für
frisch eingetroffene Touristen. Ich bestellte laut Karte mit
Hackfleisch gefüllte Kartoffelklöße – auch *Cepelinai*
genannt. Obwohl ich weder Kartoffel, noch Klöße mag.
In der Aufregung orderte ich einfach irgendetwas, das
lecker aussah. Später erfuhr ich, dass es sich dabei um das
litauische Nationalgericht handelt und dass der Name auf
die zeppelinartige Form der Klöße zurückzuführen ist.

Kosta entschied sich für Knödel mit saurer Sahne und
Zwiebelsoße – gefüllt mit Schinken und mit Käse
überbacken. Und als Nachspeise einen kleinen Teller
marinierter Hühnerschenkel - man gönnt sich ja sonst

nichts. Jamal beließ die Experimente und orderte eine Pizza Greca. Nachdem sich die nette Bedienung mit unseren Speisenkarten entfernte, beäugten wir interessiert die Umgebung. Der Laden war recht voll, hier und da saßen ein paar wirklich hübsche Mädels. Ich knabberte am leckeren Kümmelbrot rum, als die lächelnde Kellnerin das Essen brachte …

Zum ersten Mal in meinem Leben sah das Gericht auf dem gebrachten Teller so aus, wie das Foto auf der Speisekarte. Mir lief das Wasser im Munde zusammen und ich schnappte mir die Gabel.

Die Klöße waren lecker, lagen jedoch schwer im Magen. Nachdem Kosta mit den Hühnerschenkeln fertig war und sich mit einer Serviette den Mund abwischte, leuchteten seine Augen auf. Der Energietank war wieder voll. Ich verspürte ein Kribbeln in der Brust, das sich langsam über den ganzen Körper ausbreitete. Wir waren endlich da. Vilnius, die unbekannte Stadt, wartete darauf, von uns entdeckt zu werden. Vielleicht auch nicht, aber wir warteten darauf.

Wir ließen uns die Rechnung bringen, wunderten und freuten uns zugleich über den kleinen Betrag und spazierten bester Laune Richtung Ausgang.

Ein Spaziergang in Florenz?

Es gibt nichts Spannenderes, als eine unbekannte Stadt zu erkunden. Aber nicht nach einem Reiseführer, sondern auf eigene Faust. Einfach einer Straße, einer Gasse, die einem gefällt folgen und schauen, wo man am Ende landet.

Wir landeten vor einem Knast. Besser gesagt vor hohen, mit Stacheldraht gekrönten Mauern. Dahinter schoss ein hässlicher, dreistöckiger Blockbau mit bröckelndem Putz und kleinen, mit rostigen Gitterstäben versetzten Fensterluken in die Höhe. Um die einzelnen Stäbe waren verdreckte Stofffetzen gebunden. Ich fühlte mich beim Anblick dieses Baus auf Anhieb unwohl. Wie wir von einem Passanten erfuhren, handelte es sich um einen Frauenknast. Was sonst sollte das Zentrum einer Stadt schmücken?

Direkt gegenüber befand sich ein überdimensionales Gebäude, das mich augenblicklich an einen flachgedrückten Würfel erinnerte. Das viergeschossige Gebäude war horizontal und vertikal streng gegliedert — im zweiten und dritten Geschoss befanden sich durchgehende Fensterreihen; riesige Pfeiler zogen sich über drei Geschosse. Vor die Fenster im ersten und zweiten Geschoss gestellte Betonplatten machten das ansonst moderne Gebäude wuchtig-schwer und abstoßend. Auf dem Flachdach wehte einsam die litauische Fahne — es handelte sich um das Parlamentsgebäude. Allerdings war diese Art von Sowjet-Architektur absolut untypisch für die Altstadt, wie wir schnell feststellten.

Das genaue Gegenteil war schnell auszufinden, denn es war von weitem gut sichtbar - der markante, achteckige *Gediminasturm* auf dem gleichnamigen Hügel. Im Backsteinturm verbirgt sich das Museum zur Geschichte der Gediminasburg, einer rund 700 Jahre alten Festung, von der heute nur noch Ruinen übrig sind.

Der Legende nach soll Großfürst Gediminas im 14. Jahrhundert auf dieser Anhöhe Rast gehalten und von einem eisernen, unbesiegbaren Wolf geträumt haben. Aus dem Traum wurde anschließend Realität — Gediminas ließ auf dem Hügel eine Burg errichten — um die Burg herum entstand die Stadt Vilnius. Archäologen zufolge sollen allerdings bereits im 11. Jahrhundert Menschen an diesem Ort gesiedelt haben. Die erste schriftliche Erwähnung Litauens wird auf das Jahr 1009 datiert. Der runde

Geburtstag dürfte keine unbedeutende Rolle gespielt haben, als Vilnius von der EU zur europäischen Kulturhauptstadt 2009 ernannt wurde.

Als wir die Aussichtsplattform auf dem Dach des Gediminasturms erreicht hatten, wussten wir nicht recht, wohin wir zuerst gucken sollten. Hier bot sich uns eine einzigartige 360-Grad-Aussicht auf die Stadt. Der Horizont war endlos weit entfernt, die Stadt mit all ihren Sehenswürdigkeiten lag wie eine frisch servierte Pizza vor unseren Nasen. Augenblicklich fiel die *Neris* ins Auge, die in Weißrussland entspringt, das nur 30 Kilometer entfernt ist. ›Ich liebe dich‹ (Aš tave myliu!) stand auf der einen Seite des Ufers aus Blumenbeeten geformt. ›Ir aš tave‹ (Ich dich auch) auf der anderen. Zu Fuße des Hügels mündete der kleine Fluss *Vilnia* – Namensgeber der Stadt - in die Neris.

Direkt unterhalb der Burg befand sich der Königspalast, in dem vom 15. bis Mitte des 17. Jahrhunderts die Großfürsten von Litauen residierten. Daneben thronte eine überdimensionale, in schlichtem Weiß gehaltene klassizistische Kathedrale mit dem frei stehenden, schiefen Glockenturm – das Wahrzeichen-Kombo von Vilnius, das etliche Postkarten ziert. Die katholische Kathedrale St. Stanislaus, deren Erstbau im 13. Jahrhundert fertiggestellt wurde, wird auch als erste Kirche auf litauischen Boden angesehen. Der Glockenturm war ehemals ein Verteidigungsturm der unteren Gediminas-Burg.

Hier, im Herzen der Stadt pulsierte das Leben. Wir schossen ein paar Fotos und beäugten den Trubel. Skater, Biker und andere Performer führten ihre Tricks vor, während Mädels mit Eis in der Hand den Platz entlang flanierten. Wir folgten der Menschentraube und landeten umgehend vorm Präsidentenpalast, in dem einst nicht nur der russische Zar Alexander I., sondern auch Napoleon weilte, als er Richtung Moskau vorrückte. Das Gebäude mit seiner breiten klassizistischen Fassade versprühte Anmut und Eleganz. Was mich allerdings mehr beeindruckte, war die Tatsache, dass es frei zugänglich war - weder Zäune, noch irgendwelche Mauern blockierten die Sicht auf den Arbeitsplatz des Präsidenten.

Direkt gegenüber des Präsidentenpalastes befand sich die barocke Universitätsanlage – die größte und älteste des Baltikums. Die Universität Vilnius wurde 1579 gegründet und ist damit eine der ältesten Hochschulen in Osteuropa. Wir folgten den engen Gassen, passierten eine Marmortafel, die Dostojewskis Besuch in Vilnius bezeugte, unzählige Souvenirstände, die ausschließlich Bernstein und Postkarten im Angebot zu haben schienen und landeten schließlich an der historischen Stadtmauer mit dem *Tor der Mörgenröte* – einem bedeutenden Wallfahrtsort für Katholiken. Hier trafen wir mitunter die meisten Touristen an. Aber auch die meisten Bettler.

Wir machten kehrt und liefen zurück zum *Gediminas Prospektas*, den kilometerlangen Prachtboulevard der Stadt. Meter für Meter wechselten sich hier Cafés und Modegeschäfte ab. Hin und wieder sauste ein protziger Jeep vorbei, den man selbst in Deutschland eher selten zu Gesicht bekam. Ein Touristen-Trio auf Segways, die ich nur aus dem Fernsehen kannte, düste an uns vorbei …

Je länger ich durch die Altstadt, wohlgemerkt die größte Osteuropas, spazierte, desto mehr leuchtete mir der Beiname *Florenz des Nordens* ein. Die schmalen, verwinkelten Gassen, Pastell- und Sandsteintöne, grobes Kopfsteinpflaster, orange Schindeldächer, Bogengänge, idyllische Parks, unzählige Kirchen und Cafés – Vilnius' Altstadt verbreitete mehr mediterranes Flair als so manche italienische Metropole!

In einem Punkt schien Vilnius Florenz sogar noch zu übertreffen: Ich konnte mich nicht erinnern, in Florenz derart viele Kirchen gesehen zu haben. Ein Einheimischer erzählte mir stolz, es gäbe mehr als 50 Kirchen in Vilnius. Die Stadt sei immerhin katholischer Erzbischofssitz.

Neben all den architektonischen Sehenswürdigkeiten fiel uns noch etwas auf. In der Stadt waren unglaublich viele wunderschöne Frauen unterwegs - auf der Straße, in Bussen, Autos, Supermärkten und Cafés. Ich konnte mich nicht erinnern, je so viele schöne, selbstbewusst wirkende und elegante Frauen an einem Ort gesehen zu haben. Und als wäre das noch nicht genug, hatten die meisten von ihnen ein Lächeln auf den Lippen und warfen einem neugierige Blicke zu.

Als wir mal auf einer belebten Einkaufsstraße warten mussten, erfanden wir kurzerhand ein Spiel: Man zählt einfach die Sekunden, bis eine schöne Frau um die Ecke kommt. Natürlich kann man sich darüber streiten, was das Schönsein ausmacht – und das tun Männer gerne und oft. Allerdings ist der Streit schnell beigelegt, wenn alle Fronten einer Meinung sind. Und das war hier, in Vilnius schnell der Fall: Meistens kamen wir bei unserem neu erfundenen Spiel nie über zwanzig Sekunden hinaus.

Auf so etwas war ich überhaupt nicht vorbereitet. Aus Deutschland kannte ich eher mürrische, besorgte oder ernste Gesichter. Tagsüber schien jeder mit seinen Problemen beschäftigt zu sein. In der Disko wurde dann ein Pokerface aufgesetzt. Annäherungsversuche schienen nahezu unerwünscht. In Vilnius dagegen schien diese Barriere, die eine natürliche Kommunikation blockiert, nicht vorhanden zu sein.

Es kam mir vor, als hätte man mich auf einem unbekannten Planeten ausgesetzt. Und die neue Umgebung gefiel mir auf Anhieb. Nur fiel es mir nicht leicht, sich den herrschenden Sitten anzupassen. Ich war es einfach nicht gewohnt, auf offener Straße ein ums andere mal angelächelt zu werden.

I sveikata - Zum Wohl!

Am nächsten Abend wurde es Zeit, das Nachtleben von Vilnius zu erkunden. Wie Motten schwirrten wir uns um den runden Wohnzimmertisch, dessen Glasplatte sich schnell mit Wein- und Bierflaschen, Saft, Energydrinks, Gläsern und Zigarettenschachteln füllte. Als jeder endlich einen Platz gefunden hatte, wurde über die Vorkommnisse des Tages diskutiert.

Die Stadt war der Hammer – in diesem Punkt waren wir uns schnell einig. Obwohl wir nicht wirklich viel gesehen hatten. Aber es spielte keine Rolle – erstmal musste angestoßen werden …

Der Wein war schnell futsch, was die Jungs veranlasste, Wodka aus dem Tiefkühlfach zu holen. Ich ging zum offenen Fenster und warf einen Blick auf die kleine Gasse, auf der unser Domizil lag.

Eine angenehme Brise streichelte meine warmen Backen. Ich stützte mich mit den Ellbogen auf der Fensterbank ab und streckte meinen Kopf nach draußen.

Im Sekundentakt liefen junge Leute die schmale Gasse auf und ab. Ausgelassenes Lachen, klackernde Absätze und Saxophonklänge füllten die warme Sommernacht mit so viel Leben, dass ich mich fragte, warum wir eigentlich noch nicht draußen waren. *Das ist er also – der Herzschlag der Stadt*, dachte ich und spürte auf einmal, wie sich die Haare auf meinen Unterarmen vor Gänsehaut aufrichteten.

Ich drehte mich um und blickte ins Dunkel des Raumes. In der Ecke des Wohnzimmers pulsierte mal violett, mal purpur etwas, das der klanglosen Bezeichnung Duschkabine einfach nicht gerecht wurde. Das Gebilde war von innen beleuchtet, besaß dunkelbraun lackierte, beschnitzte Holzpfosten und eine spitze Haube, die vor ominösen Motiven nur so strotzte. Warum dieses

Kunstwerk im Wohnzimmer platziert wurde, war mir ebenso unklar wie seine korrekte Funktionsweise. Mal kam Wasser von der Seite geschossen, mal aus der Brause, mal von der Decke – oder alles im Wechsel wie bei einem Waschprogramm. Aber die Dusche machte ungeheuren Eindruck und gefiel uns auf Anhieb, denn sie kam der Beschreibung ›das Ding aus einer anderen Welt‹ am nächsten. Noch pompöser als die Alien-Dusche war das Himmelbett, das die Hälfte des Raumes einnahm. Mit seinen überdimensionalen Ausmaßen und den unzähligen braunen Kissen erinnerte es mich an die Kreatur Namens *Jabba The Hut* aus Star Wars. Nur die vom Gestell runterhängenden T-Shirts störten das Bild ein wenig. Gleich daneben befand sich ein antik anmutender, brauner Ledersessel, mit dem Jamal einmal täglich für seine künftige Karriere als Gewichtheber trainierte. Sein ausgeklügeltes Workout: einmal anheben, böse gucken, abstellen. Chips essen. Essen gehen

Plötzlich holten mich Freudenschreie aus der kontemplativen Versenkung - die Jungs kehrten in der Begleitung einer Finlandia-Flasche zurück. Mir war augenblicklich klar, dass es eine lange Nacht werden würde. Da ich keinen Wodka trinke und der Wein alle war, musste ich auf Birnencidre umsteigen. Denn die Jungs weigerten sich, ohne mich weiterzutrinken. Und wer will schon ein Spielverderber sein? Ich schnappte mir die Plastikflasche mit der Aufschrift *Cidre* und goss etwas von der farblosen Flüssigkeit ins Glas. Sie schäumte und färbte sich aus unerklärlichen Gründen rosa. Na dann, *i sveikata* wie die Litauer sagen würden - zum Wohl!

Als schließlich auch der Birnencidre ausging, die Jungs aber noch Finlandia-Wodka en masse hatten, blieb mir nichts anderes als ein Pinchen der kristallklaren Flüssigkeit zu mir zu nehmen. Es gab nur ein Problem: Wer *ein* Pinchen trank, musste auch ein zweites trinken …

Gegen halb zwei in der Nacht schafften wir es endlich nach draußen. Da wir uns nicht entscheiden konnten, wohin wir gehen sollten, fragten wir einen Taxifahrer. Dieser fuhr uns zu einer Disko mit dem zweifelhaften Namen *Meteliza (z.* Dt. »Schneesturm«) - eine recht verbreitete Bezeichnung für Nachtclubs in Russland. Und tatsächlich handelte es sich dabei um eine Russendisko – wer auf russisch fragt, bekommt auch eine russische Antwort.

Im Inneren begegneten mir einige der schönsten weiblichen Wesen dieses Planeten – in meinem Zustand ließ sich das mit 100-prozentiger Sicherheit sagen. Alkohol verschönert bekanntlich die Welt.

Leider bildete ihre Eskorte stets der gleiche bullige Typ mit stumpfem Gesichtsausdruck und protzigem Goldkettchen um den roten Stiernacken. Überhaupt schien die Idee, irgendjemand in diesem Laden anzusprechen, einem Schnapsglas entsprungen. Die Tatsache, dass unentwegt russische Pop-Musik in einer unerträglichen Lautstärke durch die Räumlichkeiten hallte, machte einen Locationwechsel unausweichlich.

Vor dem Club versuchten wir unser Glück mit einem anderen Taxifahrer. Dieser hatte sofort einen Club-Vorschlag parat. Wir sollten einsteigen. Da wir immer noch im Zentrum waren, trauten wir der Sache nicht ganz. Die meisten Clubs mussten irgendwo um die Ecke sein. Wozu mit dem Taxi fahren? Der Fahrer sah, dass seine Kundschaft unsicher war und versicherte uns prompt, zu Fuß bräuchten wir 20 Minuten. Ich beschloss, einen Typen, der gerade in der Nähe stand, um Rat zu fragen.

»Was? 20 Minuten? Dieser Vollidiot hat sie wohl nicht mehr alle!« lautete die Antwort des leicht beschwipsten Russen.

»Das sind höchstens zehn Minuten …«, schoss er hinterher und verstummte.

»Ich sag dir was!«, sagte er nach einer kurzen Denkpause. »Es sind zehn Minuten. Aber ich schaffe es in fünf!« Was Russen alles unter Alkohol schaffen, wollten wir nicht unbedingt live miterleben und ließen Flash Gordon('s Gin) alleine.

Zehn Minuten später fanden wir uns im angeratenen Club wieder. Wir hatten uns doch fürs Taxi entschieden. Und Lehrgeld gezahlt. Der Club war gleich um die Ecke, der Taxifahrer drehte jedoch eine nette Runde um den Block und verlangte schließlich eine überdrehte Summe. Allerdings waren es für deutsche Verhältnisse immer noch Peanuts.

Im Club angekommen, schwirrten wir wie Motten Richtung Tresen. Dahinter glänzte eine schier endlose Auswahl am Spirituosen. Auf dem Tresen standen unzählige Biergläser – voll und scheinbar ohne Besitzer. Inspiriert durch diese Aussicht orderte Kosta augenblicklich eine Runde Bier. Kneifen war nicht möglich – ich bin alles andere als ein Bierfan - und binnen Sekunden fand ich ein riesiges Glas in meiner Hand. Wie aus dem Nichts tauchte ein Mädel auf und begann mit Jamal zu flirten. »I want to have juice«, hörte ich sie kokett sagen. Doch Jamal war mit allen Flirt-Wassern gewaschen. »I *also* want to have juice!«, antwortete er mit stoischer Gelassenheit und drehte ihr den Rücken zu.

Wenig später konnte und wollte ich nicht mehr zwischen unseren und fremden Gläsern unterscheiden. Was meinen Mageninhalt dazu veranlasste, mit der Toilettenschüssel Bekanntschaft zu machen. Als ich diese torkelnd verließ, baute sich vor mir eine kantige Gestalt auf. Sie empfahl mir dringlichst, den Laden zu verlassen. Meine Freunde wollten den Türsteher besänftigen, doch ich fing zu meiner eigenen Überraschung an, ihn zu verteidigen. »Er hat absolut Recht! An seiner Stelle würde ich mich auch rausschmeißen!« Dieser Kommentar besiegelte das Ende des Abends. Das Letzte, woran ich mich erinnern konnte, war wie ich mit den Jungs und irgendwelchen Mädels ins Taxi stieg …

Pizza und andere Pannen

Als ich die Augen öffnete, vibrierte hinter der Gardine bereits das Licht des neuen Tages. Das erste, was ich klar wahrnahm, nachdem sich meine Augen endlich fokussiert hatten, war die größte Pizzaschachtel, die ich in meinem Leben gesehen hatte. Sie lag mitten auf dem Boden des Wohnzimmers. Mein Blick wanderte zu den anderen, die gemütlich im Bett schlummerten und wieder zurück zum Fundstück vor meinen Füßen. Die Hoffnung war da. Die Säfte in meinem Mund bildeten sich binnen Millisekunden. Noch bevor ich sagen konnte, ob es mir schlecht oder passabel ging, und vor allem warum ich in voller Montur auf dem Mini-Sofa saß – ja, saß - hatte mich das Leben wieder. Mit einem leichten Pochen in der Brust krabbelte ich wie ein Verdurstender in der Wüste Richtung Wasser. Aber ich brauchte kein Wasser. Alles, was ich brauchte war Pizza. Nur ein Stück. Voller Hoffnung öffnete ich die Schachtel.

Es wäre besser, sie wäre leer gewesen. Es lagen hier und da gerade so viele Kruststückchen, Olivenkerne und winzige Fleischhappen, dass man erahnen konnte, wie lecker die Pizza gewesen sein musste … Merde!

Am Nachmittag brachten wir unser reparaturbedürftiges Gefährt in eine Werkstatt. Ich sorgte mich gar nicht so sehr um das Auto. Die Befürchtung, die ganze Reisekasse könnte bei der Sache draufgehen, machte mir und den Jungs am meisten zu schaffen. Jeder malte sich seine eigenen Horrorszenarien aus.

»Selbst wenns ein kleiner Defekt ist, werden die uns gnadenlos übers Ohr ziehen. Die sehen doch die

Kennzeichen, wo wir herkommen.« Ich merkte gar nicht, wie ich mit diesem Kommentar Öl ins Feuer goss.

»Einen Scheißdreck werden die … Sollen die mal versuchen, ich zahl keinen Cent, wenns zu viel ist!«. Aus Jamals Nasenlöchern schien Dampf auszutreten.

»Hey Jungs, lass mal keine Spekulationen anstellen«, antwortete Kosta in einem besonnen Ton.

»Schauen wir einfach mal, was mit dem Auto los ist. Was genau kaputt ist. Dann können wir immer noch zu einer anderen Werkstatt.«

Dann schob er seine eigenen Bedenken hinterher:

»Aber wenn wir das Auto da lassen, wieder kommen und es ist nicht mehr da … Und die sagen dann: welches Auto? Wer seid ihr überhaupt?«

Dieser Kommentar sorgte für einen kollektiven Lachkick, der die Stimmung etwas aufhellte. Verhaltener Optimismus breitete sich aus.

»So, lasst das Auto hier, wir rufen euch an, wenns soweit ist«, teilte uns ein fülliger, glatzköpfiger Kollege in einer Jeans-Jacke, einer schmutzigen Khakihose und schwarzen Lackschuhen mit. In seiner linken, übermäßig behaarten Hand hielt er einen Plastikbecher, aus dem er hin und wieder Kaffee schlürfte, in der rechten befand sich ein Mobiltelefon. Die Werkstatt war relativ groß und es waren mehrere weitere Kunden vor Ort. Ich war mir nicht einmal sicher, wer dieser Typ überhaupt war. Immerhin machte alles andere einen seriösen Eindruck - abgesehen von den lumpigen Overalls der Mechaniker. Wir legten den Autoschlüssel auf den Tisch und verließen die Werkstatt.

Draußen schien die Sonne, die Menschen gingen ihren Geschäften nach und plötzlich fühlte ich mich ungemein erleichtert. Das Problemwort Auto verschwand vorübergehend aus dem Kopf.

Wir holten uns in einem Supermarkt Eis und nahmen am nahegelegenen Flussufer Platz. Jeder verstummte und sinnte seinen Gedanken nach. Die dunklen Wassermassen der Neris, auf deren Oberfläche hier und da Sonnenstrahlen tanzten, flossen träge dahin. Wie aus dem Nichts tauchten Kanus auf. Die Jungs und Mädels, die drin saßen waren bester Laune und winkten uns freudig zu. Ich musste unweigerlich an Tom Sawyer und Huck Finn denken. Nun war klar, dass alles gut gehen würde – anderes kam einfach nicht in Frage.

Der alte Mann und der See

Die Rechnung für die Autoreparatur haute uns um. Als wir am nächsten Morgen Kostas Opel abholten, trauten wir unseren Augen nicht. Unterm Strich standen 40 Euro. Die gesamte Werkstatttruppe wurde im Geiste heilig gesprochen.

Das Glücksereignis musste unbedingt gefeiert werden. Am besten mit einem gepflegten Barbecue am See. Von Letzteren gab es rund um Vilnius mehr als genug – wenn man unserer russischen Karte trauen durfte.

Wir verstauten Proviant und Badesachen und unser neu geflicktes Gefährt setzte sich in Bewegung. Als wir die Altstadt verlassen hatten, sprossen riesige, einander bis auf die Wandrisse gleichende Wohnblocks aus dem Boden. Jeder Block hatte seinen eigenen bejahrten, in ein weißes Unterhemd und Jogginghosen gekleideten Mann, der mit einer Kippe im Mund und mürrischem Ausdruck aus dem Fenster oder vom Balkon auf die Welt da draußen blickte.

Jedes Mal, wenn sich mein und sein Blick zufällig trafen - auch wenn es sich dabei nur um Bruchteile von Sekunden handelte - schienen beide Seiten voneinander Bescheid zu wissen. Ich wusste Bescheid, der Mann wusste Bescheid und jeder wusste vom anderen, dass er

Bescheid wusste. Das war sie, die nonverbale Völkerverständigung.

Direkt hinter der Stadtgrenze fing die ländliche Dorfidylle an. Statt grau dominierte nun sattes Grün vor einem hellblauen Himmel. Keine Zäune, keine Bauernhöfe, kein Acker - nur Wiesen und Wälder. Die Sonnenstrahlen wurden ab und zu von kleinen Wölkchen unterbrochen. Ich drehte das Seitenfenster runter. Es roch nach Gras und nassem Holz. Ich streckte meine Hand raus und ließ die Handfläche im Luftstrom auf und ab gleiten. Hinter unberührten Wiesen entdeckte mein Auge altertümliche Holzhäuser mit markanten Spitzdächern, die mich unweigerlich an Pilze erinnerten. Ein Pferd knabberte in aller Ruhe an den Ästen eines Apfelbaums, die über den Zaun des Grundstücks ragten, auf dem ein kleiner Terrier bellend hin- und her rannte. Ich nickte langsam ein …

Als das Auto über einen Hubbel fuhr und mein Kopf gegen das Seitenfenster schlug, öffneten sich meine Augen. Ich blickte rüber zu den Jungs. Jamal hielt das Lenkrad und schien mit seinen Gedanken irgendwo zwischen Himmel und Erde zu schweben. Kosta döste vor sich hin. Hinter der Scheibe breitete sich dasselbe impressionistische Gemälde aus.

Wenige Minuten später änderte sich die Landschaft schlagartig. Nun dominierte ein dichter Kiefernwald das Bild. Am Straßenrand saßen vereinzelt Omas mit farbigen Kopftüchern und boten Pilze und Beeren zum Kauf an. Wir wollten anhalten und etwas kaufen, taten es dann aber doch nicht. Warum, war uns selbst nicht klar. Später fiel der Kommentar, wir hätten uns bestimmt vergiftet. Tschernobyl sei doch gleich um die Ecke.

Schließlich passierten wir ein malerisches, von Seen umgebenes Dorf Namens *Trakai*, das im Mittelalter als Schutz und Bollwerk gegen den Kreuzritterorden gegründet wurde und eine Zeit lang sogar den Hauptstadtstatus Litauens für sich beanspruchte.

Die Hauptstraße war gespickt mit grün, gelb oder braun gestrichenen Holzhäusern, die einander bis aufs Spitzdach und die drei Fenster im Erdgeschoss glichen. Wie ich später von einem Einheimischen erfuhr, handelte es sich bei diesen bunten Häuschen um Wohnhäuser der Karäer - Anhängern einer uralten jüdischen Religionsgemeinschaft. Im 14. Jahrhundert holte Großfürst *Vytautas* sie von der Krim zu seinem Schutz nach Litauen. Um 1900 waren etwa 50 Prozent der Einwohner von Vilnius (160.000) Juden, was der Stadt den Beinamen »Jerusalem des Nordens« einbrachte. Vilnius war die größte jüdische Gemeinde Osteuropas und eine der größten in ganz Europa; es gab 100 Synagogen und sechs jüdische Tageszeitungen. Im Zweiten Weltkrieg wurde dann fast die gesamte jüdische Bevölkerung Litauens ausgelöscht (laut Schätzungen bis zu 300.000 Menschen). Heute sollen in Litauen noch etwa 5.000 Juden leben, die meisten in Vilnius, wo nur noch eine einzige Synagoge anzutreffen ist. Einige berühmte Juden mit litauischen Wurzeln sind der Maler Marc Chagall, der russische Oligarch Roman Abramowitsch, der Entertainer Sacha Baron Cohen aka Ali G oder Borat sowie die Musiker Leonard Cohen und Bob Dylan.

An einer Ecke staute sich eine mit Fotokameras bewaffnete Menschenmenge. Ich war gespannt, was es da wohl abzulichten gab. Sekunden später, als wir die Menschenmassen passiert hatten, erblickte ich eine orangefarbene Backsteinburg, die mit ihren runden Ecktürmen mitten aus dem hellblauen See zu steigen schien. Das war sie also - die *Wasserburg Trakai*, die die jüdischen Gastarbeiter bewachen sollten, wenn der Fürst mal außer Haus war. Obwohl die Burg recht schön war und zudem auch noch die einzige erhaltene Wasserburg in ganz Osteuropa sei, hinterließ sie bei mir den Eindruck einer LEGO-Burg. Auf alte, graue Steinmauern folgten leuchtend orange Backsteine. Es entstand unweigerlich der Eindruck, die Burg wäre erst gestern erbaut worden. Wie ich später erfuhr, war dies auch tatsächlich der Fall - die Burg wurde vor zwanzig Jahren auf Ruinen erbaut.

Auf der Suche nach einem ruhigen Grillplatz am See, beschlossen wir kurzerhand, einen Einheimischen zu fragen. Abseits des Touristentrubels entdeckte ich einen sonnengebräunten, fülligen Mann Ende Fünfzig, der gemütlich am Eingang seiner Datscha saß und das Geschehen ringsherum beobachtete. Ob er zu den 60 in Trakai lebenden Karäern gehörte, war unklar, denn ich hatte keinen Schimmer, woran man einen solchen erkennen konnte.

Als ich mich dem Mann näherte, leuchteten seine dunklen Knopfaugen auf, die Mundwinkel zogen sich leicht nach oben und an den Augenrändern kamen starke Krähenfüße zum Vorschein.

»Labas«, grüßte ich mein Gegenüber auf Litauisch und wechselte direkt ins Russische.

»Sprechen Sie russisch?«

»Ja sicher!«, antwortete er in einwandfreiem Russisch.

»Können Sie uns helfen? Wir suchen einen guten Grillplatz am

See - wo es etwas ruhiger ist …«

»Das ist kein Problem …« Der Mann verlor kein bisschen von seiner stoischen Gelassenheit. Es schien, als müsse er vor der Antwort nicht einmal nachdenken.

»Wenn ihr der Hauptstraße so für zwei, drei Kilometer folgt, da kommt ein Kreisverkehr. Da nehmt ihr die zweite Ausfahrt und fährt noch ein Stück. Und dann seht ihr auch schon den See auf der rechten Seite.«

Bevor ich etwas sagen konnte, fügte er hinzu:

»Da ist es sehr ruhig, sehr schön. Die ganze Umgebung hier ist wunderschön. Das Wasser ist so sauber, man kann es trinken! Es gibt einige Stellen, da ist es manchmal voll … Aber hier ist es sehr ruhig, sehr schön …«

»Und da können wir auf jeden Fall grillen?«

»Ja, sicher! Und schwimmen auch. Angeln sowieso … Bei mir könnt ihr auch ein Boot ausleihen oder übernachten, wenn ihr wollt. Viele Leute kommen hierhin. Das ist das Zentrum Europas hier!«, strahlte der Mann mich an.

»Das Zentrum Europas?«

»Ja, sicher! 30 Kilometer von hier liegt der Mittelpunkt Europas – geografisch gesehen … *Purnuskes* heißt der Ort.«

Plötzlich fiel mir wieder ein, dass ich vor der Abreise etwas Ähnliches im Internet gelesen hatte. Ich schielte zu den Jungs im Auto rüber. Ihnen dauerte die Unterhaltung sichtlich zu lange.

»Super! Also, die zweite Ausfahrt am Kreisverkehr, ja?«

»Genau, die zweite Ausfahrt. Und bringt mir auf dem Rückweg ein Paar Fische mit!«, zwinkerte der Mann mir zu.

Während ich über seinen Spruch lachte, ging mir auf, welch beeindruckende Qualitäten der Mann besaß. De facto saß vor mir der geborene Geschäftsmann. Er schien nichts verkaufen zu wollen. Stattdessen weckte er im Gegenüber das Gefühl, etwas kaufen zu wollen. Und nachdem das Geschäft unter Dach und Fach war, hatte der Käufer nicht einmal das Gefühl, überhaupt etwas gekauft zu haben. Nach dem Aufzug dieser Gedanken verabschiedete ich mich rasch und lief zum Auto. Ich hatte nichts gekauft. Und nun hatte ich ein schlechtes Gefühl und ärgerte mich über mich selbst …

Der Mann hatte nicht zu viel versprochen. Nach einigen Minuten Fahrt gewann die Landstraße unter uns an Steigung, bis wir schließlich auf einem stattlichen Hügel ankamen. Zu seiner rechten Seite breitete sich eine malerische Seelandschaft aus. Die Sonnenstrahlen tanzten auf dem hellblauen Wasser und luden nur so zum Schwimmen ein. Wir folgten einem Trampelpfad bis zu einer breiten, langgestreckten Wiese direkt am Ufer des Sees. Keine Verbotsschilder, keine Zäune, keine kläffenden Köter. Nur wir und die wahrhaft unberührte Natur. Und eine Familie, die ihr Badetuch-Lager am Rande der Wiese aufgeschlagen hatte. Sie schien unbeeindruckt von der Ankunft der drei Kannibalen. Das musste schnell geändert werden …

Wir schmissen unsere Sachen beiseite und rannten laut brüllend zum Wasser. Es folgte ein beherzter Sprung, der dem Wahnsinn ein frühes Ende setzte. Das Wasser war eiskalt. Beim zweiten Eintauchen fühlte es sich noch kälter an. Unser Geschrei ähnelte nun mehr dem von Schulmädchen als dem von Tarzan. Um vor den Einheimischen nicht als Memmen dazustehen, schwammen wir eine Minirunde - Gegröle inklusive versteht sich. Der Stolz schien gerettet. Sekunden später fanden wir uns vor dem mitgebrachten Einweggrill wieder.

Die aufsteigende Glut wärmte wohltuend die ausgestreckten Handflächen. Einen Moment lang zogen Bilder aus der Kindheit vor meinem geistigen Auge vorbei: Ich war mit meinem Bruder und meinem Vater auf Kajak-Tour irgendwo nördlich von St. Petersburg, damals noch Leningrad. Endlose Seelandschaft, Stille, keine Menschenseele weit und breit, klares Wasser, dessen Oberfläche einem Spiegel gleicht, die Augen auf den Schwimmer gerichtet, der erste kleine Barsch, an dessen Rückenflosse man sich schneidet, Zelt aufschlagen, Brennholz suchen, Lagerfeuer; Brot, Tomaten und geschmortes Rindfleisch aus der Konserve, die besser schmeckten als alles andere auf der Welt. Das Knistern des Lagerfeuers, in das man wie in Trance einen Stock nach dem anderen warf …

Ein fast vergessenes Geräusch holte mich abrupt aus den Kindheitserinnerungen – wie das Feuer forderte auch der Magen Brennstoff. Das Grillfest konnte beginnen. Wie jeder, der schon mal gegrillt hat weiß, geht die Zeit während das Steak auf dem Rost platziert wird und schließlich auf dem eigenen Teller liegt, lähmend langsam vorbei. Vor allem wenn man Hunger hat. Und wenn es dann endlich soweit ist, kennt der Hungernde keine Gourmetregeln und verschlingt das Steak, ohne den Geschmack überhaupt mitbekommen zu haben. Schade nur, dass man das Ganze erst realisiert, wenn alles aufgegessen ist und auf dem Grill nur noch ein verkokeltes Etwas übrig ist.

Nachdem die Vorräte alle waren machte sich eine unheimliche Stille breit. Kosta und Jamal streckten sich auf den Badetüchern aus. *So also sehen glückliche Menschen aus*, ging mir auf. ›Hungry, happy, sleepy‹ würde der US-Komiker Katt Williams dazu wohl sagen. Ich nahm am Ufer Platz und ließ meine Füße ins Wasser runter. Am Horizont braute sich ein Gewitter zusammen. Es war Zeit zu fahren.

Pippi und die Schokoladenfabrik

Der See-Trip hatte unsere Akkus gehörig aufgeladen. Noch auf dem Rückweg wurde beschlossen, die Stadt abends unsicher zu machen. Gesagt, getan. Auf der Suche nach einem Club sprach Jamal zwei entgegenkommende Mädels an. Aus der Ferne sahen diese ganz nett aus. Die eine war großgewachsen, hatte zu Zöpfen gesteckte blonde Haare und trug enge Jeans. Ihre Freundin war einen Kopf kleiner und ebenfalls blond. In ihrer rechten Hand hielt sie eine weiße Einkauftstüte. Als wir die beiden bei Laternenlicht näher betrachteten, stellte sich heraus, dass sie gut und gerne Mutter und Tochter sein konnten. Die größere Blondine war geschätzte 40 Jahre alt. Ihr modegerechtes Outfit und die Pippi Langstrumpf-Zöpfe sorgten für eine optische (Ent-)Täuschung erster Güte. Die Freundin war zwar in unserem Alter, hatte jedoch ein sonderbar nervöses Lachen und einen leicht irren Gesichtsausdruck. Aber die Münze war gefallen, wir hatten die beiden angesprochen und sie schluckten rasch den versehentlich ausgeworfenen Köder.

»Jungs, kommt einfach mit!«, sagte die ältere Blondine und zwinkerte uns zu. »Wir sind auf dem Weg zu einem Club, der ist hier gleich um die Ecke«.

Ich schaute verloren zur Seite.

Auch Kosta sah man nun - vor die Frage gestellt, mit wem man den ganzen Abend verbringen wollte - die Verlegenheit an. Schließlich hätte diese kecke Blondine rein altersmäßig auch unsere Mutti sein können. Allein Jamal grinste verschmitzt. Die große Blonde schien ihre Beute gefunden zu haben.

Auf dem Weg zum Club passierten wir einen kleinen Park. Unsere Begleiterinnen - eigentlich waren wir die Begleiter - stoppten ab und deuteten auf die Bänke, auf denen tagsüber Omas das Geschehen ringsum beobachteten und abends verliebte Pärchen ihr Unwesen trieben. Wir waren weder Omas, noch verliebt. Und schon gar nicht ein Pärchen. Die jüngere Blondine, die sich als Warda vorstellte, griff zu ihrer Einkaufstüte und eine Plastikflasche mit der Aufschrift ›Cider‹ kam zum Vorschein. Ich musste unweigerlich schlucken und senkte den Kopf. Cider stand seit dem neulichen Vorfall auf meiner Nie-Wieder-Liste.

»Wir arbeiten in der Schokoladenfabrik«, grinste Warda uns an, als wir uns hinsetzten.
»Heeey! Das ist ja cool!«, sagte Kosta und verstummte. Ich überlegte kurz, wie das Ganze wohl enden würde. Irgendwie wollte mir kein positives Szenario einfallen. Ich

schielte zu Jamal rüber. Er turtelte mit der großen Blonden Namens Sveta. Kosta und ich dagegen mussten einen Plastikbecher nach dem anderen leeren, um Warda gegenüber nicht unfreundlich zu wirken. Der No-Cider-Vorsatz musste einem guten Zweck geopfert werden. Just in dem Moment, als uns die Smalltalk-Themen ausgingen, sprang Sveta plötzlich auf und erklärte, es wäre Zeit, in den Club zu gehen. Dann sprach sie einen Satz aus, der mich wie eine leichte Ohrfeige aufrüttelte:

»Jungs, ich weiß nicht …«, stimmte sie in einem wehleidigen Ton an. »Erst sprecht ihr uns an und dann seid ihr auf einmal ganz still«, setzte sie in einem überraschend verständnisvollen Tonfall nach - so, als wolle sie sich umgehend für den Vorwurf entschuldigen.

Für einen Moment fragte ich mich ernsthaft, was in uns gefahren war. Sie hatte recht - entweder, man ist zu 100 Prozent dabei oder gar nicht. Glücklicherweise blieb keine Zeit für ernsthafte Gewissensbisse, denn alle machten sich auf den Weg zum Club.

Der Aufschrift nach, die über dem Eingang hing, handelte es sich um einen russischen Laden. Während Jamal und Sveta vor *Trassa*, was auf russisch soviel wie Trasse bedeutet, ihre Zigaretten zu Ende rauchten, schaute ich mich etwas um. Neben den Stufen, die abwärts ins Clubinnere führten, wankte ein kerniger Typ Ende Zwanzig in einer schwarzen, zerzausten Lederjacke hin und her. Sein eingefallenes Gesicht mit ausdruckslosen Äuglein, die langgezogene Narbe auf dem kurzrasierten Schädel und die Gliedmaßen, die mich an ein Picasso-Bild erinnerten, signalisierten schnell, dass mit ihm nicht zu spaßen war. Als er uns bemerkte, verdüsterte sich seine Miene. Dann zog er mit aller Kraft an seiner Zigarette. In seiner riesigen Pranke wirkte das Aufleuchten der Zigarette wie ein dumpfer Hilfeschrei. Ich schluckte unweigerlich.

Neben dem Hünen stand ein sonderbarer Zeitgenosse. Es handelte sich um einen jungen Burschen mit einem spitzen Gesicht und zugekniffenen, rastlosen Augen. Sein Oberlippenbart war derart dünn, dass man problemlos die einzelnen Härchen abzählen konnte. Sein Mund bewegte sich pausenlos: Er kaute Sonnenblumenkerne, murmelte etwas zu seinem Kollegen und spuckte zur Seite. Das Outfit, das er anhatte, war derart aberwitzig, dass es die furchteinflößende Wirkung seines Nachbarn in einem Zug annullierte. Es setzte sich zusammen aus grauen, geflickten Pluderhosen, schwarz-weiß kariertem 80-Jahre-Jackett, beigefarbenen Reebok-Sneakern und brauner Schiebermütze. Seine rechte Hand vollführte unaufhörlich ein- und dieselbe Bewegung: Sonnenblumenkern aus der linken Hand nehmen und zu Mund führen. Als eine Schale an seiner Lippe kleben blieb, versuchte er sie lässig wegzupusten und zuckte mit dem Kopf. Die Mütze glitt von seinem Kopf und landete haargenau auf dem kleinen Schalenberg vor seinen Füßen. Er stieß einen lauten Fluch aus und warf einen grimmigen Blick in unsere Richtung. Es wurde Zeit reinzugehen …

Zu unserer Überraschung ging drinnen die Post ab. Es lief *wonderful life* von Ace of Base und die kleine Tanzfläche war voller als voll – ganz wie das junge Publikum, das sich glänzend amüsierte. Wir nahmen an einem Tisch Platz und beäugten die Umgebung. Neben uns fand augenscheinlich ein Treffen anonymer Nachwuchstürsteher statt: sechs Kolosse in schwarzen Lederjacken nippten asynchron an ihren Bieren. Keiner von ihnen verlor auch nur ein Wort. Ihre düsteren Blicke wanderten zur Tanzfläche und wieder zurück zu uns. Um diesen nicht unnötig zu begegnen, wurde erstmal die Bestellkarte inspiziert.

Wie sich schnell herausstellte, war nicht nur der Laden im Keller, sondern auch die Preise - ein Bier gab es für umgerechnet 60 Cent das Glas. Sveta und Warda waren ganz in ihrem Element – sie wippten im Takt mit den Köpfen und sangen hin und wieder den tiefsinnigen Refrain eines russischen Pop-Liedes mit. Nach einer Weile zerrten sie uns auf die Tanzfläche. Dort vollführte gerade ein Pärchen wilde Tanzmanöver: Ein volltrunkener junger Kerl in einer schwarzen Hose und einem nicht mehr so weißen Hemd hatte einige Mühe den komplizierten Bewegungen seiner gleichermaßen beduselten Tanzpartnerin zu folgen. Sie sprang auf seine Hüfte und schwang ihre Schenkel kraftlos um seinen Körper. Zu ihrem Glück schaffte der Bursche es gerade noch, sie mit den Armen festzuhalten. Ich ahnte Böses - solche Tanzeinlagen in diesem Zustand konnten einfach nicht gut ausgehen.

Und tatsächlich, kaum passte der Dirty Dancer eine Sekunde nicht auf, hörte ich mich leise »Autsch!« sagen. Das Mädel, das auf seiner Hüfte hockte ließ sich plötzlich nach hinten fallen. Was ihr Tanzpartner so gar nicht erwartet hatte und nachgab …

Der dumpfe Schlag hallte durch die ganze Disko. Eine Sekunde lang machte ich mir ernsthaft Sorgen um die Gesundheit des Mädels. Aber dann war klar, dass die Bekanntschaft mit dem Fußboden den Bewegungsdrang der Dancing Queen keineswegs beeinträchtigte. Ihr Schädel schien ziemlich robust. Ich blickte zu Jamal rüber, dem die Tanzeinlage nicht entgangen war. Ein breites Grinsen leuchtete mich an. Ich konnte mir ein Lachen nicht verkneifen.

Zurück an unserem Tisch wollten Sveta und Warda unbedingt Fotos mit uns machen. Soweit ganz angenehm. Allerdings gingen die Annäherungsversuche bald einen Tick zu weit. Die Umarmungen wurden immer fester und fortan ließ mich der Gedanke an den Horrorfilm *Misery* einfach nicht mehr los. In dem besagten Streifen kommt eine Verehrerin ihrem Lieblingsschriftsteller näher als diesem lieb ist. Auch Jamal schien mittlerweile genug von seiner Begleitung zu haben. Wir entschieden uns, den Abgang zu machen. Was die beiden Mädels, die mittlerweile wie Klammeräffchen an uns hingen gar nicht gefiel. Nach etlichen Befreiungsversuchen ließen sie uns schließlich gehen. Halb vier in der Früh waren wir wieder in Freiheit.

Vor dem Klub war keine Seele. Nur der Mond hielt seine Wache am Firmament. Es war angenehm warm und wir machten uns auf zum 24-Stunden-Laden, um etwas gegen das nervtötende Hungergefühl zu unternehmen.

»Habt ihr gesehen, wie das Mädel auf der Tanzfläche …?« Ein kollektiver Lachkick setzte ein, bevor ich den Satz überhaupt zu Ende sprechen konnte. Schließlich meldete sich Jamal zu Wort:

»Mann! Das war ein mieser Headbanger! Das Beste kommt immer zum Schluss …«

»Das war echt …«, Kosta fing an zu lachen, bevor er den Satz vollenden konnte.

»Das Beste war, als ihr beiden plötzlich weg wart … Und ich allein zwischen den Mädels saß«, Kosta zog den Kopf ein, setzte ein verlegendes Lächeln auf und winkte träge mit der Hand.

»Wer hat denn die beiden angequatscht, heh?«, erwiderte Jamal.

»Waaas? Das warst *du*, du Esel!«

»Eben!«, gab ich Kosta recht.

»Ach ja …«, Jamal schien nach einer passenden Antwort zu suchen.

»Na und! Ohne Brille bin ich doch halb blind …«

Unser schallendes Gelächter füllte die menschenleere Straße vor uns mit etwas Leben.

Der 24-Stunden-Laden war nichts anderes als ein Mini-Supermarkt. Die Verkäuferin warf uns einen gelangweilten Blick zu, als wir über die Schwelle traten. Mitten im Raum ragte eine mannshohe Stellage aus dem Boden. Hier fanden wir neben Süßwaren, Chips, Brot und

Pfannkuchen auch Chebureki. Wie sich im Laufe unserer Osteuropa-Reise erwiesen hatte, waren diese in Fett gebackene Teigtaschen mit Hackfleischfüllung ein idealer Anti-Heißhunger-Snack. Obwohl es sich um eine ukrainische Speise handelte, schienen die Teigtaschen auch in Litauen recht beliebt zu sein. Zumindest schien kein Lebensmittelladen ohne sie auszukommen. Wir drehten mehrere Runden um die Stellage, bis schließlich auch nichtalkoholische Getränke gefunden waren. Alkohol ist in Litauen wie in Russland allgegenwärtig. Es wird überall verkauft und überall konsumiert. Allerdings hat Litauen vor nicht allzu langer Zeit ein Gesetz eingeführt, das den Verkauf von Wein, Wodka, Whiskey und anderem hochprozentigem Alkohol nach zehn Uhr abends verbietet - sicherlich nur ein Tropfen auf den heißen Stein, aber immerhin ein Schritt in die richtige Richtung.

Auf dem Weg zur Wohnung passierten wir *Trassa*. Da sich davor immer noch keine Menschenseele befand, setzten wir unsere Route erleichtert fort – irgendwie waren wir nicht besonders scharf auf ein Rendez-vous mit unseren neuen Bekanntschaften. Schließlich hatten wir sie nicht besonders nett abserviert.

Vor dem Club stand ein einsames Taxi. Taxifahren ist in Litauen recht preisgünstig und bis zur Wohnung war es noch ein gutes Stück. Ich riss die Beifahrertür auf und stecke meinen Kopf ins Wageninnere. Erst jetzt bemerkte ich, dass hinter dem Taxifahrer, im Fond, noch jemand war …

Es war Warda. Sie lag mehr als dass sie saß und schien zu schlafen; ihre Lippen waren zu einem sonderbaren Lächeln verzerrt. Ich musste augenblicklich an ihren Ausspruch »Ich arbeite in der Schokoladenfabrik« und das schrullige Lachen denken.

»Oh, sorry!«, spuckte ich reflexartig in Richtung des müde schauenden Fahrers aus und schloss möglichst lautlos die Tür. Mir war klar, dass Sveta nicht weit sein konnte. Die Jungs merkten an meiner Visage, dass irgendwas nicht stimmte und nachdem ich ihnen zugeflüstert hatte, was los war, sah man uns in einem beachtlichen Tempo um die Ecke biegen. Jamal hatte mit seinem Spruch »das Beste kommt immer zum Schluss« den Nagel auf den Kopf getroffen.

Tag der offenen Tür

Am nächsten Tag dösten wir bis in den Nachmittag hinein und memorierten die Erlebnisse der letzten Tage. Vor Lachen wurde sogar die ein oder andere Träne vergossen. Vilnius schien uns immer wieder aufs Neue zu überraschen. Als der Hunger uns schließlich aus der Wohnung trieb, tauchte ein kleines Problem auf. Das Türschloss funktionierte nicht mehr.

Jamal zückte das Telefon. Es war Samstag und die Hoffnung, den Vermieter zu erreichen löste sich nach dem ersten unbeantworteten Anruf in Rauch auf. Dennoch dachte keiner von uns auch nur eine Sekunde daran, zu Hause zu bleiben. Wir waren nicht nach Vilnius gekommen, um zu Hause zu hocken. Wertsachen besaßen wir nicht; was man in der Wohnung außer der in die Jahre gekommenen Musikanlage und der hohen Decke klauen konnte, wollte mir einfach nicht einfallen. Unser Bargeld, ein paar Hundert-Euro-Scheine, verstauten wir in einem litauischen Poesiebändchen, das zwischen zwei staubigen Büchern im Wandregal landete. Größere Summen mit sich zu tragen erschien uns als leichtsinnig aus zwei Gründen. Erstens waren wir im ›wilden Osten‹. Und zweitens führt ein Überfluss an Scheinen im Portemonnaie bekanntlich dazu, diese schnell wieder loszuwerden.

Während ich die Tür zuknallte, überlegte ich kurz, ob wir Wetten abschließen sollten, ob etwas geklaut werden würde. Und wenn ja, was. Aber ich wollte nichts Böses heraufbeschwören und behielt diesen Gedanken für mich …

Als wir am frühen Morgen wiederkamen, wartete eine Überraschung auf uns. Die Tür war halb offen. Im Inneren herrschte die gleiche Unordnung wie bereits einige Minuten nach unserem Einzug vor ein paar Tagen. Beunruhigt eilte ich zu unserem Versteck. Blöderweise konnte ich mich nicht mehr entsinnen, zwischen welche Bücher ich das Bändchen mit dem Geldscheinen gesteckt hatte. Die Jungs schien dies nicht zu kümmern; während ich fieberhaft nach unseren Ersparnissen suchte, putzte sich Kosta gähnend die Zähne, Jamal hatte sich bereits im Bett ausgebreitet.

Als das Geld endlich gefunden war, spürte ich, wie die Anspannung von mir fiel und sich eine wohlige Müdigkeit im Körper ausbreitete. Fortan blieb die Tür tagein, tagaus offen.

Sommersprossen

An einem Vormittag im August fand ich mich in einem kleinen Buchladen nahe unserer Wohnung im Zentrum von Vilnius wieder. Die Jungs dösten noch und waren zu faul für einen kleinen Spaziergang.

Der Buchladen befand sich im Keller eines Gebäudes, dessen Fassade dringend einer Renovierung bedurfte. Durch die kleinen Fensterluken fielen vereinzelt Sonnenstrahlen ins Innere. Sie wurden hin und wieder von den Beinen vorbeigehender Passanten unterbrochen und verloren sich schnell zwischen alten Holzregalen. Drinnen roch es nach Farbe und alten Büchern.

»Papa, komm, da ist die Horror-Abteilung!«, rief ein kleiner Junge und zog seinen Vater am Ärmel.
»Der Horror ist nicht hier, sondern auf der Straße …«, murmelte dieser zurück.

Das Angebot war überschaubar; zu meiner Enttäuschung gab es nur ein einziges Regalfach mit russischen Autoren. Ich wollte bereits gehen, als ich sie sah.

Sie trug einen modischen grünen Pulli, einen Jeansrock und lief etwas verloren durch die Gegend. Offensichtlich suchte sie etwas Bestimmtes. Als sie im selben Gang wie ich stand, schaute sie plötzlich in meine Richtung und unsere Blicke kreuzten sich.

Mein Herz stand für eine Sekunde still. Eine Sekunde, die sich wie Sommerregen auf der Haut anfühlte.

Kastanienbraune Augen, die etwas Hypnotisches an sich hatten. Sommersprossen, die sich kaum von der Haut abhoben. Ein kleiner, rosafarbener Schmollmund, der sich zu einem Lächeln formte …

Ich senkte verlegen meinen Blick und versuchte, nicht weiter an sie zu denken. Um beschäftigt auszusehen, nahm ich mir wahllos ein Buch aus dem Regal. Es handelte sich augenscheinlich um einen litauischen Krimi. Ich blätterte etwas im Buch rum und merkte plötzlich, dass meine Handflächen nass waren.

In derselben Sekunde begann mein Herz zu trommeln. In den kommenden Minuten konnte ich keinen klaren Gedanken fassen. Mir war klar, was mir mein Herz sagen wollte: *einfach hingehen und ansprechen.* Doch prompt funkte der Verstand dazwischen: *Vermutlich hat sie sowieso einen Freund, also vergiss das mal ganz schnell.*

Ich wünschte den stets so hilfreichen Verstand zum Teufel.

Ich musste sie einfach ansprechen. Sie war perfekt, es war die perfekte Umgebung. Der Laden war halb leer, mannshohe Bücherregale schützten vor unliebsamen Zuschauern.

Doch ich konnte nicht. Mein Kopf war blank. Außerdem sagte mir etwas tief im Inneren meines Kopfes, dass nur notgeile Volltrottel Frauen einfach so, grundlos anquatschten.

Dabei hatte ich einen Grund. Ich fand das Mädel umwerfend, interessant, wollte wissen, wie sie sich mir gegenüber verhalten würde. Ich schielte verschwörerisch zu ihr rüber. Sie schien vertieft in das Heft in ihren Händen. *Ich musste es einfach tun. Wenn nicht, würde ich es mir nie verzeihen*, sprach ich mir im Geiste Mut zu.

Wie aus dem Nichts kam mir eine Idee. Vor mir im Regal lag ein russischer Bestseller. Ich schnappte mir das Buch und ging in ihre Richtung. Jetzt gab es kein Zurück mehr …

»Hi! Kannst du mir kurz helfen?«, begann ich leise auf Russisch. Sie blickte etwas überrascht zu mir auf.

Jetzt, aus der Nähe betrachtet, sah sie noch umwerfender aus. Ich musste kurz schlucken, bevor ich die eigentliche Frage hinterherschickte:

»Ich will das Buch hier einer guten Freundin schenken, sie ist so alt wie du … Meinst du, das ist ein gutes Geschenk?«

Ich streckte ihr das Buch entgegen.

Es war vollbracht, das Schwierigste hatte ich hinter mir. Erst jetzt fiel mir ein, dass sie womöglich gar kein Russisch konnte. Bisher hatten wir in Vilnius jeden auf Russisch angesprochen. Und wenn es doch Verständnisschwierigkeiten gab, kam man problemlos mit Englisch weiter.

Und auch diesmal hatte ich Glück.

»Von wem ist das?«, fragte sie gelassen auf Russisch und nahm das Buch in die Hand. Während ich den Namen des Autos nannte warf sie einen Blick auf Klappentext.

»Na ja, das Thema ist recht ernst … Deswegen weiß ich nicht, ob ein junges Mädel was damit anfangen kann.«

»Ich hab von dem Autor gehört … Aber noch nichts von ihm gelesen. Hört sich aber interessant an … Also mir würds gefallen, glaub ich.«

Wir quatschten noch etwas über das Buch, bis ich fragte, was sie da eigentlich für ein Heftchen in der Hand hätte. Sie neigte ihren Kopf zur Seite und verzog den Mund.

»Das ist für die Uni … Wir schreiben nächste Woche eine Klausur über ein paar Philosophen …«

Als Philosophiestudent horchte ich auf. Im Verlauf des Gesprächs stellte sich heraus, dass sie nicht Philosophie, sondern Marketing studierte; die Klausur sollte über Wirtschaftsphilosophen wie Adam Smith geschrieben werden. Aber das war sekundär. Der ganze Inhalt unserer Diskussion war unwichtig. Wichtig war, wie sie sich mir gegenüber verhielt. Sie redete mit mir wie mit einem alten Freund, mit dem man zwanglos über alles quatschen kann. Während wir sprachen suchte *sie* die Gelegenheit, mit mir zu lachen. Dabei funkelten ihre braunen Augen jedesmal so auf, dass ich fast das Atmen vergaß. Wenn ich plötzlich verstummte, setzte sie die Unterhaltung fort. Ihre ungezwungene Art sorgte dafür, dass meine anfängliche Nervosität sich binnen Sekunden in Rauch auflöste.

Ich erklärte Lina, dass ich neu in der Stadt sei und fragte sie nach Sehenswürdigkeiten und Bars, die man abends ansteuern könnte. Der Gedanke, sie könnte mich doch abblitzen lassen verflüchtigte sich schließlich - dafür lief das Gespräch einfach zu gut — und ich fragte nach ihrer Nummer.

Mein Gefühl hatte mich nicht betrogen - sie holte aus ihrer Handtasche einen Stift und ein Stück Papier. Als ihr Name und Nummer schließlich auf dem Zettel stand, fragte sie mich plötzlich, ob ich auf *facebook* sei. Klar, wer nicht?! Daraufhin notierte sie mir ihren vollständigen Namen, damit ich sie auf der Seite finden konnte. Ich klingelte kurz bei ihr an, damit sie meine Nummer hatte – und damit ich sicher war, dass es ihre richtige Nummer war - und wir verabschiedeten uns. Ihr Parfüm schien ›geh nicht‹ sagen zu wollen.

Noch am selben Abend loggte ich mich im Internetcafé bei *facebook* ein.

Und mit einem Schlag war die ganze Euphorie der letzten Stunden dahin.

In ihrer Statusleiste stand *in love!!* und darunter befand sich eine ganze Reihe von Fotos, auf denen sie - das Mädel, das mir so zwanglos ihre Nummer aufschrieb - mit irgendeinem Typen rumknutschte …

Basketball, Bier und Beachvolleyball

Es war ein herrlicher Sommertag in Vilnius. Die Sonne schien derart heftig durch die Scheiben unserer Wohnung, dass wir einstimmig beschlossen, uns sportlich zu betätigen. Wo, wussten wir bereits. Am nördlichen Ufer der Neris, keine zehn Minuten von der Altstadt entfernt, hatten wir eine Skate-Anlage samt Basketballfeld erspäht. Gleich daneben befanden sich drei Beachvolleyballfelder. Und als wäre dies nicht schon genial genug, hatte jemand direkt im Anschluss an das Feld einen Swimmingpool reingepflanzt. Solch eine Kombination hatte ich bis dahin noch nirgends gesehen.

Auf dem Basketballfeld herrschte reger Betrieb. Die meiste Aufmerksamkeit zogen - wie so oft beim Basketball - drei schwarze Spieler auf sich. Einer von ihnen war locker über zwei Meter groß und dürr wie ein Bambusrohr. In Korbnähe hatte er stets leichtes Spiel und punktete nach Belieben. Was er mit einer überheblichen

Miene zu unterstreichen versuchte. Beim lässigen Dribbeln verlor er ein ums andere Mal den Ball. Sein kleinerer, pfeilschneller Kollege trug eine Brille und war etwas älter. Wie er mir später mitteilte, kam er aus Brooklyn. Der dritte im Bunde war ein etwas fülligerer Zeitgenosse mit markanten Rastalocken und imposanten Bandagen an beiden Knien. Nach jedem Korb ging dieselbe Frage nach dem Zwischenstand über seine Lippen: »What's that?«

Als wir gegen die drei antraten, stellte sich schnell heraus, dass da nicht viel zu machen war. Wir waren einfach zu gut. Zu gut im Verlieren. Und so waren wir schnell zum Zuschauen verurteilt – ›Winner stays, loser goes home‹ lautete das Motto. Als nächstes waren drei unscheinbare, knochendürre Litauer mit recht ausdruckslosen Gesichtern an der Reihe …

Nun konnte ich meinen Augen nicht trauen. Das Team aus den Staaten kassierte einen Korb nach dem anderen. Die Litauer trafen jeden Wurf – egal ob Sprungwurf aus der Mitteldistanz oder acht-Meter-Dreier. Sie zogen mühelos an den schnaufenden Gegnern vorbei und klebten an ihnen wie Pattex in der Verteidigung. Im Gegensatz zu den Amis, die nur eins gegen eins zogen, spielten die Litauer stets mit dem Auge für den freien Mitspieler. Ihr Passspiel war phänomenal. Was die Amis zusehends frustrierte. Nachdem sie ein Spiel nach dem anderen verloren, fingen sie an, sich untereinander zu streiten und verabschiedeten sich schließlich kleinlaut vom Platz.

Nun waren wir wieder dran. Und so sehr wir uns anstrengten, hatten wir gegen die schnellen und treffsicheren Litauer keine Chance. Ich wusste zwar, dass die Litauer gut im Basketball waren. Aber die Tatsache, dass nahezu alle Spieler auf dem Feld - ob Teenager oder Mittdreißiger - auf derart hohem Niveau spielten, hinterließ einen bleibenden Eindruck. Als das Top Team eine Pause machte, fragte ich einen der Jungs, wie lange sie schon Basketball spielten.

»Hab schon als kleines Kind angefangen, ist ja hier der Volkssport Nummer eins, so was wie Religion.«, antwortete mir ein dürrer Junge mit Akne-Narben.

»Und wie! Europameister 2003, Baby!«, fügte sein Freund mit der Beatles-Frisur hinzu.

»Ja, stimmt. Litauen war schon immer gut im Basketball. Geniale Spieler habt ihr … Maciolionis, Sabonis …« Mir wollten einfach keine aktuellen Namen einfallen.

»Hey, das ist schon ewig her …« Der Junge schaute mich an, als wäre ich soeben einer Zeitmaschine entstiegen. Zum Glück fielen mir wieder zwei aktuelle Spieler ein.

»Songaila! Der spielt doch in der NBA! Bei den Washington Wizards. Und Kleiza, in Denver glaub ich.«

»Yo, genau. Ilgauskas auch, bei den Cavs. Die sind aber gar nicht sooo gut. Jasikevicius ist der Beste! Der hat in Europa alles gewonnen, was man gewinnen kann. Jetzt ist er auch in der NBA, bei den Indiana Pacers.« Dem war nichts hinzuzufügen.

Nachdem wir vom Basketball genug hatten, fiel mein Blick auf das benachbarte Beachvolleyballfeld. Binnen Sekunden verspürte ich ein unbändiges Verlangen, die Sneaker auszuziehen und Sand unter den Füßen zu spüren – offenbar ein Rückfall in das alte Sommer-Sonne-Sand-Schema.

Dafür, dass bereits den halben Tag über keine Wolke am Himmel war und die Sonne leichtes Spiel hatte, war der Sand überraschend kühl. Ich versuchte mich zu erinnern, welch andere Stadt ein Beachvolleyballfeld im Zentrum hätte, als mich eine Stimme von der anderen Seite des Netzes erreichte. Ich drehte mich um und sah eine Gruppe von zwei gutgelaunten kernigen Jungs und einem kleingewachsenen, dunkelhaarigen Mädel.

Einer der Jungs trug komische Retroshots und schaute mich fragend an. Der litauischen Sprache nicht mächtig, rief ich auf Russisch zurück: »po russki!« - »auf Russisch!« Bisher hatten wir uns mit den Einheimischen stets auf Russisch, oder – in den seltensten Fällen – auf Englisch verständigt.

»Habt ihr Lust auf ein kleines Match?« antwortete mir der Retrofan in akzentfreiem Russisch. Wir waren ziemlich fertig vom Basketball, aber hier durfte man(n) natürlich keine Schwäche zeigen. Außerdem hatten wir extra einen Volleyball mitgenommen.

»Klar! Ihr drei gegen uns drei?«

Im Verlauf des Spiels stellte sich schnell heraus, dass weder unsere Gegner, noch wir vernünftig spielen konnten. Beim Aufschlag versuchte jeder den Ball mit voller Wucht zu treffen. Was dazu führte, dass dieser entweder im Netz landete oder weit übers Ziel hinausschoß. Ballwechsel dauerten selten länger als ein paar Sekunden. Nicht weil die Angriffe und Spielzüge so meisterhaft waren, sondern weil die Hände der teilnehmenden Spieler einfach nicht mit dem Ball kompatibel waren.

Zwischendurch gönnten sich unsere Mitspieler den einen oder anderen Schluck Bier aus den am Feldrand deponierten Plastikbechern. Als ich am Netz stand und meinen Gegenspieler, der sich mit dem lustig klingenden Namen Mantas vorstellte, aus der Nähe betrachten konnte, fiel mir plötzlich auf, dass seine vermeintlichen Retroshorts wirklich retro waren. Solche Badehosen - wenn es denn überhaupt welche waren - trug man vor 20, 30 Jahren …

Ich war beeindruckt. Der Kerl schien auf das Diktat der Mode zu pfeifen. Allerdings wirkte er damit hier, auf dem Beachvolleyballfeld, im neuen Jahrtausend, so deplatziert, dass seine ganze Erscheinung etwas rührend Komisches an sich hatte.

Das Spiel plätscherte vor sich hin wie die Neris, die nur einen Wurf entfernt war. Einen Nachteil hatte die unmittelbare Nähe allerdings. Bei übermotivierten Aufschlägen drohte der Ball ein ums andere Mal in den dunklen Fluten zu landen. Wohl aus diesem Grund befand sich kurz vorm Abhang eine meterhohe Plastikbande.

Irgendwann passierte das, was einfach passieren musste. Bei einem überdosierten Aufschlag unsererseits flog der Ball wie ein Baseball Richtung Neris, tippte kurz vor der Bande auf und landete schließlich direkt im Wasser.

In jenem Moment ging mir als erstes das beliebte, mit ›s‹ beginnende und mit ›t‹ endende englische Schimpfwort über die Lippen. Mein geliebter Mikasa-Volleyball stand auf dem Spiel. Als zweites überlegte ich, ob man den Ball nicht irgendwo weiter flussabwärts abfangen konnte. Aber noch bevor ich mich geistig von meinem Lieblingsball verabschiedet hatte, sah ich jemand flugs zum Ufer rennen.

Es war Mantas, der kleine stämmige Bursche in den Retroshorts. Mir war nicht klar, was er vorhatte. In die Neris zu springen war Irrsinn. Die Strömung sah verwegen aus, besonders sauber schien die Neris auch nicht zu sein. Außerdem war die Betonkante, die man erreichen musste, um wieder an Land zu kommen, ziemlich hoch. Rein rational betrachtet schied ein Sprung definitiv aus …

Mantas hatte solche Überlegungen nicht nötig. Wie in Zeitlupe sah ich seinen Körper in bester Baywatch-Manier ins Wasser fliegen. Es folgte ein dumpfer Klatscher und schrille Kinderstimmen. Wie aus einer Starre erwacht, rannten nun alle zum Fluss. Passanten, die noch Sekunden zuvor in aller Ruhe über die wenige Meter entfernte Brücke schlenderten, liefen hastig zum Geländer, um einen Blick auf die halsbrecherische Rettungsaktion zu erhaschen.

»Er kann doch gar nicht schwimmen!« hörte ich Mantas' Kollegen rufen als wir endlich am Ort des Geschehens ankamen. Dem Grinsen des Freundes nach musste es sich um einen Witz handeln.

Inzwischen hatte Mantas den Ball erreicht – er kämpfte nun gegen die Strömung. Am sicheren Ufer stand mittlerweile eine ganze Reihe von Schaulustigen - uns eingeschlossen. Keiner der Zuschauer machte auch nur Anstalten, ins Wasser zu springen und Mantas zu Hilfe zu eilen. Als er den rutschigen Ball endlich zu fassen bekam und mit Wucht ans Ufer schleuderte, wurde mir klar, dass der Kerl auch in den Niagarafällen zurechtkommen würde.

Sekunden später befand sich der Held gesund und munter wieder an Land. Er genoss sichtlich die Klapse der Anerkennung auf seine nassen Schultern. Auch wir zollten ihm Tribut. Gleichzeitig wurmte mich die Frage, warum *ich* nicht auf die Idee gekommen war. Nach seiner Heldentat zog sich Mantas erstmal vom aktiven Beachvolleyballsport zurück und schnappte sich ein Bier.

Kaum hatten wir das Feld verlassen, tauchte ein krebsroter, zwei Meter großer Hüne mit einem drei-Millimeter-Haarschnitt auf.

»Hey!!! Wo ist das Geld?!« Das Spielen war offensichtlich nicht kostenlos. So sehr wir uns auch wehrten, Mantas und seine Freunde bestanden darauf, das Ganze auf ihre Kappe zu nehmen. Echt coole Typen, dachten wir und düsten bestens gelaunt nach Hause.

Die Abreise

Einen schönen Urlaub erkennt man an dem Moment, als man mit Bedauern anfängt, die verbleibenden Tage zu zählen. Einen unvergesslichen dagegen erkennt man daran, dass dieser Moment gar nicht auftaucht. Einfach weil es keine Durchhänger gibt, die einen Rückblick erlauben.

Bevor wir uns versahen, saßen wir wieder im Auto und passierten das Ortsschild von Vilnius. Allerdings war der Name nun rot durchgestrichen. Die Stimmung glich der auf einer Trauerfeier. Keiner sagte etwas, alle schauten gedankenverloren Richtung Horizont. In allem, was ich hinter der Scheibe wahrnahm, schien sich das Erlebte der vergangenen Tage widerspiegeln zu wollen. Mir war zum Heulen. Aber ich schämte mich zu weinen.

Als die deutsch-polnische Grenze noch im Rückspiegel zu sehen war, fing es an zu regnen. Um uns schien auf einmal eine graue Wolke zu schweben, die das Atmen erschwerte.

Wortlos wurde ein Passagier nach dem anderen Zuhause abgesetzt.

Dann kamen die üblichen ›Wie wars-Fragen‹ der Daheimgebliebenen. »Toll, super!« antwortete ich und wandte stets den Blick ab. Die gutgemeinten Fragen prallten an meiner Aura aus Trauer und Selbstmitleid ab wie Sonnenstrahlen an einer Regenpfütze.

Die folgenden Wochen glichen einer einzigen nicht enden wollenden Depression.

Ich konnte mich kaum erinnern, wann ich mich zuletzt so niedergeschlagen gefühlt hatte. Nach Pauschaltrips war ich eigentlich nie besonders down. Vielleicht einen Tag lang. Aber nun breitete sich eine unvergleichbare Bitterkeit aus. Als ich das Live-Bild der Webcam aus Vilnius nicht mehr aushalten konnte, setzte ich mich ans Fenster und schaute nach draußen in die dunkelgrauen Wolken. Es kam mir vor, als hätte man mich lebenslänglich eingesperrt. Als wäre alles gleich belanglos …

Es ging nicht nur mir so. Die Jungs machten dasselbe durch. Keiner von uns hatte sich nach einem Urlaub je so mies gefühlt.

Zu drastisch waren die Unterschiede, die uns nun an jeder Ecke, in jedem Café in die Augen fielen. Keiner schien sich ein Lächeln zu schenken, ein Gesicht war mürrischer als das andere. Jeder war dem Anschein nach mit schweren Problemen beschäftigt. Das trat einen besonders hart, weil man die ersten Tage noch das Urlaubs-Lächeln aufhatte. Trotz innerer Niedergeschlagenheit strahlten wir unter Menschen stets die Freundlichkeit aus, die wir in Litauen erlernt hatten. Sie stellte sich auch hier, 1.500 Kilometer westlich, automatisch ein, sobald wir ausgingen. Doch statt positives Feedback wie in Vilnius, gab es meist gar keine Reaktion oder verstörte Verwunderung. Wir konnten es nicht fassen. Waren die Unterschiede so groß oder stimmte etwas nicht mit uns?

Noch wussten wir die Antwort nicht. Das einzige, was für uns zählte, waren die Unterschiede, die uns zwischen den Ländern auffielen. Die einzigen Lichtblicke, die uns blieben, waren die frischen Erinnerungen und der Gedanke an die Rückkehr nach Litauen, nach Vilnius. Doch erst ein halbes Jahr später wurde aus diesem Gedanken Realität.

Kapitel 2 - Die Rückkehr

Kein Schein – kein Litauen

Jedem, dem Kosta, Jamal und ich von unserem Trip in den Osten erzählten, leuchteten für einen Augenblick die Augen. Für einen Moment sah er oder sie, was wir dort gesehen hatten und wollte nächstes Mal unbedingt dabei sein. Unser Enthusiasmus kannte beim Schildern der Erlebnisse keine Grenzen. Und doch vergaßen die meisten Zuhörer schnell wieder, wovon wir so gerne schwärmten. Schlicht weil sie nicht dabei waren. Eine Ausnahme gab es jedoch.

Er hieß Kevin. Der solariumgebräunte, durchtrainierte Frauenheld und Psychologie-Student in der Warteschlange arbeitete nach seinem Abgang vom Gymnasium in der elften Klasse mal als Finanzberater, mal als Barkeeper. Er wuchs in Kirgisien auf und kam dank deutscher Wurzeln Mitte der Neunziger als Teenager in die Heimat seines Opas. Wie viele Aussiedler hatte er so seine Schwierigkeiten mit der deutschen Sprache. Bis heute herrscht in seinem Kopf hin und wieder Chaos, das folgende tanzende Sprachdiamanten gebärt: »das ist wirklich nicht das Grüne vom Ei«, »ihr kennt doch diese Band - Dolly Pussy Cats«, »da laufen diese Sporty Sexy Clips« und »damit verabschieden wir euch von uns«.

Kevin ist ein lustiger Zeitgenosse, ein Impulsmensch, der sich selbst als eine »sehr expressionistische Person« (Eigenversion von extrovertiert) beschreibt und so einiges mitmacht - und das stets mit Herz. Wenn es um Ärger geht – ob Polizistenbeleidigung, Schlägerei oder nächtliche Spaziergänge auf dem Wuppertaler Schwebebahngerüst – ist Kevin nicht weit.

Nachdem er das Abitur in der Tasche hatte, rasierte er sich eine Glatze. Wochen später färbte er sich die Haare strohblond und besuchte NLP-Kurse, die ein Vermögen kosteten – quasi als Ersatz für das anvisierte Psychologie-Studium, das sein Notendurchschnitt einfach nicht zuließ. Beim Neurolinguistischen Programmieren (NLP) versucht man mit auf das Unterbewusstsein zielender Sprache Gedanken, Gefühle und Verhalten des Gegenübers zu verändern - oder wie Kritiker sagen würden, zu manipulieren.

Als Kevin seine Freundin verließ, mit der er über sechs Jahre zusammen war, rauchte er acht Kippen die Stunde, spielte Gitarre und starrte auf die Backsteinwand vor seinem Balkon. Und das wochenlang.

Bei Kevin schienen wir mit unseren Erzählungen von Anfang an durchgekommen zu sein. Kurzum, er sagte direkt zu, als wir ihn fragten, ob er mit nach Litauen wollte.

Damit waren wir nun zu viert. An einem Februarabend packten Kevin, Kosta, Jamal und ich unsere Klamotten ins Auto und düsten ab Richtung Osten. Unser Ziel: Vilnius, Litauen. Entfernung: 1.500 Kilometer. Fahrzeit: rund 20 Stunden. Alles in einem nicht gerade ein Trip auf den Mount Everest. Auf dem Weg zum Basiscamp aka deutsch-polnischer Grenzübergang bei Frankfurt an der Oder, machte Jamal seinem Ruf als Entertainer par excellence alle Ehre.

»In my country there is problem… And that problem is transport … It take very very long, because Germany is big! Throw transport down the well … So my country can be free, so my country can be free! We must make travel Vilnius easy … Then we have a big party!«

Jamal schaukelte beim Singen hin und her, was nicht schlimm gewesen wäre, wäre er nicht am Steuer. Das Auto vollführte wunderschöne Schlangenlinien, worauf andere Verkehrsteilnehmer reagierten, als hätten sie einen Geisterfahrer entdeckt.

»Hey, ihr Faulenzer! Wollt ihr mal ne lustige Geschichte hören?«

Jamal war ganz in seinem Element.

»Klar wollt ihr das, also hört her … So ein Typ geht mit ner Tussi, die er kurz zuvor kennengelernt hat, aus. Die beiden sind im Restaurant, Fünf-Gänge-Menü, alles läuft super. Und das Mädel lädt ihn zu sich nach Hause ein …«

»Schon mal total übertrieben, dass die Tussi ihm direkt zu sich nach Hause einlädt!«, quatschte Kevin dazwischen.

»Jajaja … Also, die fahren nach Hause, der Typ zieht sie fast schon im Auto aus. Dann kommen sie in der Wohnung an, das Mädel macht nicht mal das Licht an und sagt: Zieht dich schon mal aus, bin nur kurz ins Bad. Und geht weg. Der Typ macht sich also nackig und springt ins Bett. Und wartet. Und wartet. Und wie er so daliegt, merkt er plötzlich, dass er verdammt dringend scheißen muss!«

»Aahaha!« Kevin musste als erster lachen, dann reagierten auch Kosta und ich.

»Wartet, wartet! Das ist noch gar nichts! Also, passt auf - der Typ muss aufs Klo, aber das ist ja besetzt. Und die Tussi macht grad einen auf Jacque Cousteau in der Badewanne … Der arme Kerl ist voll am Durchdrehen, rennt nackt durch die Wohnung und weißt nicht, was er tun soll.«

»Uhh, das ist mies« Kosta rieb sich die Hase und schaute durch die nasse Scheibe nach draußen.

»Und was macht der Typ? Der nimmt ne Zeitung, legt die auf den Boden und scheißt darauf!«

»Bäh! Alter!« Kevin verzog sein Gesicht bis zur Unkenntlichkeit.

»Ja genau! Dann nimmt er die Zeitung und wirft sie ins offene Fenster. Und denkt: *jetzt hab ich's hinter mir.*

Aber nix da! In der Wohnung stinkt es wie bei Kevin im Mund!«

»Schnauze!«

»Im Mund? Woher weißt du, wie es bei Kevin im Mund riecht? Leckt ihr hin und wieder rum?«, funkte Kosta plötzlich dazwischen.

»Ja genau … Also, lass mal zu Ende erzählen!«

»Okay, okay, erzähl!«

»Der Typ denkt also: *Fuck! Das hat noch gefehlt!* Dann sucht er im Dunkeln nach einem Deo und findet so etwas wie einen Kosmetikbeutel. Schnappt sich den ersten Flakon, riecht dran – riecht nach Alkohol. Und sprüht damit in alle Ecken. Und ab zurück ins Bett. Dann kommt das Mädel aus dem Bad und alles läuft wie geschmiert … Hehe, ihr versteht – wie geschmiert, hehe!«

»Ja, schon klar! Und was dann?«, fragte ich.

»Also die beiden hatte so ne richtig heiße Nacht und sind erst am frühen Morgen eingeschlafen …«

Um die Spannung auf die Spitze zu treiben, machte Jamal eine Pause und zündete sich eine Kippe an. Er zog genüsslich an der Lucky Strike und setzte seine Geschichte schließlich fort.

»Der Typ wacht also als erster auf, öffnet die Augen und sieht, dass das Mädel am Fenster ein Mückengitter hat. Dünn und fast unsichtbar. Also weit ist die Zeitung nicht gekommen … Da ist der Typ fast ergraut. Aber es kommt noch dicker! Er klettert aus dem Bett, kann sich schon vor Schock kaum auf den Beinen halten und schaut sich um. Und sieht er, dass das Deo, das er nachts benutzt hat, gar kein Deo war! Sondern ein Farbspray … Das heißt alles in der Wohnung – die Tapeten, die Möbel, die Bücher, die Klamotten – ist voller grüner Flecken, die man nicht mal abwaschen kann … Also, um es kurz zu fassen, ein Paar ist aus den beiden nicht geworden.«

»Ohh, das ist aber schade für dich, Jamal! Da erzählst du uns deine ganzen intimen Details …«, sagte Kevin. Kosta und ich lachten auf.

»Ach, leckt mich doch!«

»So, jetzt erzähle ich euch mal ne lustige Story!«

»Kev, wir kennen deine Storys schon …«, antwortete Jamal und setzte mit Kevins Stimme fort: »Und dann sagte sie, blablabla …«

Kosta und ich kugelten uns vor Lachen. Jamal war beileibe kein schlechter Stimmenimitator.

»Jaja … Also! So ein Punk kauft sich diese schwarzen Boots, die man fast bis zum Knie schnüren kann. Zieht sie an, geht raus. Und dann merkt er, dass im Schuh ein Steinchen ist – klein, aber total spitz. Und jedesmal, wenn er auftritt, piekst der wie die Hölle. Weitergehen kann man vergessen. Aber bis der Schuh auf ist, dauert es zehn Minuten oder so. Und dann noch mal zehn, um den wieder zuzuschnüren. Der Typ überlegt also hin und her. Und vor ihm steht so ein Transformatorhäuschen. Er stützt sich mit beiden Händen daran ab und schüttelt was das Zeug hält mit dem Fuß, um das Steinchen rauszuschütteln.«

»Und?«

»Währenddessen geht so ein Opa mit einem Stock in der Hand spazieren. Und der Opa hat mal so einen Kurs zur Sicherheitstechnik mitgemacht, wo einem beigebracht wird, wie man in Notfällen reagieren muss. Er sieht also das Transformatorhäuschen, den Typen, der daran lehnt und den es wie einen Epileptiker schüttelt. Und denkt sich – ein Kurzschluss, der Mensch ist in Lebensgefahr! Da eilt er also zum Punker und haut ihm mit voller Wucht mit dem Stock auf die Hände, um den Stromkreis zu unterbrechen.

»Und dann?«

»Tja, und bricht dem Punker die Hand an zwei Stellen … Tolle Geschichte, heh?«

»Genau! Kevins greatest hits …« Jamal lachte auf und schüttelte den Kopf.

»So, ihr Knalltüten, wir sind bald an der Grenze!«, meldete sich Kosta zu Wort. Die Abschaffung der Grenzkontrollen gehörte noch in die Rubrik ›Zukunftsmusik‹.

»Und dann heißt es, Drogen oder Waffen dabei? Und wir antworten, warum? Brauchen sie welche?«

Wenige Minuten später war uns so gar nicht zum Lachen. Es gab ein ernsthaftes Problem. Der Fahrzeugschein fehlte.

Kosta war sich sicher, das kleine Stück Papier am Tag vor der Abreise im Handschuhfach deponiert zu haben. Nun war es nicht mehr da. Der Schuldige war schnell gefunden. Kostas Bruder hatte sich das Auto kurz vor der Abreise ausgeliehen. Er musste den Fahrzeugschein verschluckt haben. Nachdem jeder ein Schimpfwort zur Beschreibung der Situation beigesteuert hatte, wurde es Zeit für Plan B. Keiner wollte auch nur einen Gedanken daran verschwenden, die 600 Kilometer wieder zurückzufahren. Da ein Plan B nicht vorhanden war, wurde er kurzerhand ins Leben gerufen.

Die brilliante Idee sah vor, den Beamten statt Fahrzeugschein den im Handschuhfach entdeckten TÜV-Bescheid zu präsentieren. Der Bescheid war aktuell und gab kurz und bündig Auskunft über das Fahrzeug und seinen Halter. Der TÜV-Stempel bürgte für die Echtheit der Unterlage. Es konnte einfach nichts schief gehen. Soweit die Theorie.

In der Praxis kamen wir nicht weiter. Die Autokolonne vor uns bewegte sich zwei Stunden lang keinen Zentimeter von der Stelle. Wir saßen immer noch am Grenzübergang fest. Die Beamten schienen ein Mitternachtsschläfchen zu halten.

Die übrigen Autofahrer indes nahmen die Situation gelassen und verließen ihre Stahlkarossen, um sich die

Beine zu vertreten. Wir schlossen uns ihnen an. Es war kurz nach Mitternacht; ein frostiger Wind streifte umher, winzige Schneeflocken rieselten aus dem schwarzen Nichts über uns und irgendwo hinter den Umrissen der Bäume am Horizont schimmerte der Mond in einem fahlgelben Ton. Ich öffnete den Mund und pustete den gefrorenen Atem in die Nacht hinaus. In die Anspannung mischte sich etwas Aufregung. *Es musste einfach klappen*, redete ich mir ein, während ich die blau angelaufenen Finger warm rieb – zurückfahren kam einfach nicht in Frage …

Nach einer Weile tat sich vorne etwas. Kippen wurden ausgetreten, Motoren angeschmissen. Die Kolonne vor uns setzte sich in Bewegung. Nun gings ums Ganze.

Wenige Sekunden später war die ganze Anspannung dahin. Ehe wir uns versahen, hatten wir die Grenze passiert. Wir waren in Polen. Allerdings nicht, weil unsere Idee sich als brilliant erwiesen hatte. Wir wurden schlicht und einfach nicht kontrolliert. Und das obwohl die Abschaffung der Grenzkontrolle erst in ein paar Jahren anstand. Die Beamten winkten die anrollenden Autos einfach durch.

Alle waren erleichtert, die Stimmung klarte auf. Hinter der Grenze wurde erstmal günstig getankt. Die Tatsache, dass in über 800 Kilometer eine weitere Grenze bevorstand, wurde bewusst ignoriert. ›Wird schon irgendwie klappen‹ hieß die Devise.

Mit dieser Einstellung verging die Zeit wie im Flug und bald erblickten wir die polnisch-litauische Grenze. Auch hier, bei *Ogrodniki*, staute sich der Verkehr. Allerdings gab es einen kleinen Unterschied. Ich bemerkte ihn bereits von weitem – als jemand seine Hand, die irgendwelche Papiere umklammerte, aus dem Auto Richtung Grenzhäuschen streckte. Nun würde man uns genau auf die Finger schauen. Vor Aufregung fing ich an, mit dem Fingern an der Scheibe zu trommeln, was die anderen jedoch nicht zu stören schien. Die Jungs schienen gefasst, was mich einigermaßen beruhigte.

»Vielleicht gucken sie sich nur die Persos an. Ich mein, wen interessieren die Autopapiere? Wir fahren doch *aus* Polen und nicht *nach* Polen …«, versuchte ich die Runde etwas aufzumuntern.

Die Spannung stieg an. Auto um Auto näherten wir uns dem Grenzhäuschen. Die Beamten öffneten gerade den Kofferraum eines nagelneuen, schwarzen Mazda 6. Ich versuchte nicht daran zu denken, was passieren würde, wenn wir nicht weiterkämen. Was dazu führte, dass mir ein Horrorszenario nach dem anderen in den Sinn kam. Am schlimmsten wäre, wenn ›die Kontrolleure‹ das Auto in Beschlag nehmen würden, bis wir den Fahrzeugschein organisierten.

Der polnische Grenzbeamte schaute ziemlich verdutzt, als wir ihm den TÜV-Bericht präsentierten. Es vergingen einige Sekunden und er schaute mehr ungläubig als verdutzt. Aber unsere Devise hieß selbstsicher bleiben. Ein Pokerface aufsetzen und Litauen mit offenen Armen empfangen.

Der zweite Punkt musste gestrichen werden. Ohne Fahrzeugschein wollte man uns einfach nicht durchlassen. Wir waren endgültig gestrandet.

Aufgeben wollten wir dennoch nicht. Der Vorschlag, eine Kopie des Fahrzeugscheins von Daheim an die Beamten zu faxen, stieß auf taube Ohren. Mir schien es, als wollten die Kollegen keine konstruktiven Vorschläge hören.

Die armselige Lüge, man würde uns auf einer Hochzeit erwarten, war so wenig von Erfolg gekrönt wie ein Hilfeschrei in der Arktis.

Wir traten den Rückzug an. Allerdings nicht nach Hause, sondern zur nächsten Ausfahrt. Die neue Idee lautete: ab zum anderen, 20 Kilometer nördlich gelegenen Grenzübergang bei *Budzisko*.

Doch auch hier hatten wir kein Glück. Vermutlich hatten die Grenzbeamten ihre Kollegen bereits über ein paar Witzbolde alarmiert, die ohne Fahrzeugschein die Grenze überqueren wollten. Und höchstwahrscheinlich hatten sie sich dabei halb totgelacht.

Eine Zeitlang studierten sie völlig desinteressiert unsere Ausweise. Dann wiesen sie uns an, rechts ranzufahren. Die Beamten verschwanden mit unseren Papieren im unscheinbaren Grenzgebäude. Nach zehn Minuten stiegen wir aus und schlenderten etwas auf dem Gelände herum. Vorsichtig und scheinbar zufällig näherte ich mich dem Fenster, hinter dem die Beamten ihrer harten Arbeit nachgingen …

Und konnte nicht fassen, was ich da sah. Die Truppe saß gelangweilt an einem Tisch und drehte im wahrsten Sinne des Wortes Däumchen. Sie schienen auf etwas zu warten.

Wir versuchten es erneut mit dem Faxvorschlag - vergeblich. Ich bekam das ungute Gefühl, dass etwas nicht stimmte. Die Typen wollten keine uns nicht hören, machten selbst aber auch keine Vorschläge. Weitere zwanzig Minuten vergingen, bis Kosta endlich die Lösung hatte. Man hätte früher draufkommen können, aber vermutlich waren wir zu begriffsstutzig. 50 Euro auf den Tisch, Zeitschrift drüber und schon hieß es ›Vilnius, wir kommen!‹.

Planänderung

Zwei Stunden später waren wir endlich am Ziel. Vilnius war nicht wieder zu erkennen. Bürgersteige und Dächer waren in weiße Zuckerwatte eingewickelt, die bei jedem Schritt angenehm knirschte. Es war kalt; die Außentemperaturanzeige des Autos zeigte minus acht

Grad Celsius an. Wir riefen Veronika an, unsere Vermieterin. Und bekamen prompt unerwartete Neuigkeiten zu hören.

Veronika teilte uns in aller Seelenruhe mit, dass es in der gebuchten Wohnung kein warmes Wasser gäbe - Rohrbruch oder so ... Bevor wir uns richtig aufregen konnten, warum sie uns das nicht früher gesagt hatte, erklärte sie, wir könnten auf eine andere Wohnung ausweichen. Sie wäre nur fünf Euro die Nacht teurer. Das hörte sich nach Verarsche an, aber eine Wahl hatten wir nicht. Immerhin lag die neue Wohnung im Stadtzentrum und nicht in irgendeinem Randbezirk von Vilnius.

Eine halbe Stunde später war die Haussuche endlich beendet. Es handelte sich um einen sechsstöckigen Altbau mit einer unscheinbaren, beigefarbenen Fassade. Das Schild mit der Hausnummer war aus unerklärlichen Gründen im Innenhof angebracht. Ich blickte zu den Fenstern im zweiten Stock empor und sah plötzlich, wie die Gardine ein Stück zur Seite gezogen wurde. Es tauchte ein bekanntes Gesicht auf. Es handelte sich um niemand Geringeres als Tomas. Tomas hatten wir bereits bei unserem ersten Litauen-Trip kennengelernt. Er hatte uns damals die Wohnungsschlüssel übergeben. Ich lächelte und winkte ihm zu. Sein Gesicht blieb wie versteinert, dann fiel die Gardine wie eine Guillotine zurück an ihre alte Position. Tomas schien alles andere als begeistert über unsere Ankunft. Womöglich hatte er herausgefunden, dass wir ihn ›Crack-Tomas‹ getauft hatten. Eine Ameise lief mir den Rücken runter ...

Die Wohnung übertraf alle Erwartungen. Es gab ein riesiges Wohnzimmer mit einem luxuriösen Bett, in dem locker drei Personen Platz fanden, ein Schlafzimmer inklusive Doppelbett und Couch, eine kleine Küche und ein geräumiges Badezimmer mit Dusche, Badewanne und Fußbodenheizung. Fliesen-Fachmann Kosta, der im OBI jobbte, zeigte sich beeindruckt: »Wenn wir hier abhauen, nehmen wir die Fliesen mit, oder?«

Leider war der Kühlschrank leer und unsere Reisevorräte längst aufgebraucht.

»Hey Jungs, ich hab echt Bock auf Hapas … Ähm … Ich mein

Tapas«, sagte Kevin.

»Wie wärs mit einer Tüte Deutsch?« Jamal war wie immer schlagfertig, musste sich jedoch wie der Rest der Truppe dem Hunger geschlagen geben. Wir eilten nach draußen.

Auf dem Weg zu *Cili Pica*, einer beliebten Pizzeriakette, die uns seit dem Sommer-Trip in Erinnerung geblieben war, fragte Kosta Vilnius-Neuling Kevin, wie sein erster Eindruck so wäre.

»Ganz ehrlich?« murmelte dieser griesgrämig zurück. »Nix Besonderes …« An diese Worte würde er sich noch oft mit einem Schmunzeln erinnern. Damals hatte er noch keine Ahnung, wie falsch er mit seiner Ersteinschätzung lag …

Im *Cili Pica* war es kuschelig warm. Der Laden war voll. Besonders auffallend war die Dichte an hübschen Frauen. Die Litauer mögen es, zum Essen auszugehen, stellten wir im Laufe unserer Aufenthalte fest. Und Cili Pica ist ein beliebter Treffpunkt, vor allem bei jüngeren Leuten. Nicht zu Unrecht, denn hier stimmt ziemlich viel: das Essen, die Auswahl – es gibt weit mehr als nur Pizza - die Portionsgröße, die Preise, die Wartezeit. Es gibt nur zwei Minuspunkte. Einer davon kann manch einer Pizzeria den Garaus machen: die Pizza im *Cili Pica* ist echt mau. Der zweite Nachteil erklärt sich aus der Popularität der Kette: Die relativ kleinen Restaurants können sehr schnell voll werden, sodass man ab und an auf einen Tisch warten muss.

Wir hatten Glück und bekamen direkt einen Tisch am Fenster zugewiesen. Während meine Gliedmaßen langsam wieder auftauten, warf ich den ein oder anderen Blick durch die halb beschlagene Scheibe nach draußen, in die Kälte.

Hin und wieder liefen gut eingehüllte Passanten mit roten Nasen an der Scheibe vorbei und schielten zu uns rüber. Ihre Bewegungen glichen den von Pinguinen.

Nach einem Chili-Kaffee - einem gewöhnlichen Kaffee mit einem Schuss Chili - machten wir einen kurzen Abstecher zum Kathedralenplatz - dem Herzen von Vilnius. Der Prunk im Inneren des Monumentalbaus, der zusammen mit der Gediminasburg als Wahrzeichen der Stadt gilt, entlockte Kevin folgende Worte:

»Hier sind beim Bau bestimmt viele gestorben … Arbeitsunfälle bei Riesenbauwerken halt … Du musst nach oben, du musst nach unten. Die Rechnung war: 10.000 Metall – zwei Tote.«

Am selben Abend musste unsere Rückkehr nach Vilnius gebührend gefeiert werden. Kevin verspürte plötzlich den Drang, etwas Außergewöhnliches zu kaufen und holte sich im Supermarkt einen Napoleon-Brandy. Die grüne Flasche mit dem goldenen Etikett machte sich zwar gut auf dem Tisch, doch der Inhalt schmeckte scheußlich. Anfangs versuchte Kevin noch mit einer halbwegs ernsten Miene zu beteuern, das Zeug sei okay, stieg im Laufe des Abends allerdings rasch auf Wodka um.

Gegen Mitternacht waren wir bereit, uns ins Nachtleben von Vilnius zu stürzen. Leider nahm einer von uns diesen Ausdruck viel zu wörtlich …

Der Fall ›Kevin‹

Da wir uns im Zentrum von Vilnius befanden und ein paar Clubs nur wenige Blocks entfernt waren, zogen wir rasch unsere Jacken über die T-Shirts und eilten bester

Laune nach draußen. Vorher warf ich einen kurzen Blick auf das Thermometer hinterm Küchenfenster: Die rote Flüssigkeit hatte die 14-Grad-Markierung unter dem Gefrierpunkt passiert. Ganz im Gegenteil zur roten Flüssigkeit in unseren Adern, die vor Lebensfreude nur so kochte.

Wir nahmen eine Abkürzung durch einen einsamen Hinterhof und ich begann schon daran zu denken, zurückzugehen, um mir etwas Wärmeres anzuziehen, als ich plötzlich einen dumpfen Schlag hörte.

Ich drehte mich um und sah Kevin auf allen Vieren hockend vor einem alten VW Golf. Ein Schock durchfuhr mich - ich wollte nicht daran denken, dass er sich etwas gebrochen hatte, aber ich tat es unweigerlich. Im nächsten Moment fiel mir ein Stein vom Herzen – Kevin richtete sich sprunghaft auf - wie ein Stehaufmännchen. Für eine Sekunde, die mir wie eine Minute vorkam, starrte er uns mit einem halb irren, halb ungläubigen Ausdruck an. Dann gab sein Gesicht ein breites Grinsen preis.

»Jungs, ich muss demnächst echt weniger trinken …«, verkündete er mit einer entgeisterten Stimme.

Kevins Sturz vom Golf ließ sich laut Jamal, der zum besagten Moment neben ihm ging, am besten mit dem Fall eines Kartoffelsacks vergleichen. Kevin fiel nicht nur wie ein solcher, sondern sackte auch wie ein Kartoffelsack in sich zusammen als er auf dem schneebedeckten Boden landete.

Ein neuer Spitzname war geboren: Kartoffel-Kevin.

»Ich dachte halt, da käme noch die Motorhaube …«, stammelte er benebelt. »Aber es war ja das Heck des Wagens …«

Wie ich Kevin kannte, würde er sich solch einen Vorfall nicht zu Herzen nehmen. Und tatsächlich - zwanzig Minuten später sah ich ihn Arm in Arm mit einem Mädel durch den Club hüpfen. Der halbe Club vollführte einen eigentümlichen Volkstanz, bei dem die Pärchen sich mit einem Arm beim Partner einhackten und waghalsige Pirouetten drehten, um im Anschluss geduckt unter einem Bogen durchzulaufen, den die Arme der anderen Paare bildeten. Die Leute schienen eine Menge Spaß zu haben. Allen voran Kevin, dessen Grinsen mittlerweile ein 16:9-Format angenommen hatte.

Wenig später nahmen wir an einem Tisch Platz. Jamal ging an die Bar, um Drinks zu ordern. »Hey!«, rief Kosta zu Kevin, der am anderen Ende des Tisches saß und gerade die Tanzfläche beäugte. Kevin reagierte nicht. Aus den überdimensionalen Boxen am Rande der Tanzfläche schallte David Guettas ›The World is Mine‹. Kosta nahm einen Bierdeckel und warf ihn Richtung Kevin. Der Bierdeckel passierte Kevins Nase in einem Abstand von zwei Zentimetern und landete schließlich in der Visage eines glanzköpfigen, angetrunken Mittvierzigers. Sein Gigolo-mäßig aufgerissenes Hemd schien offensichtlich die Brustbehaarung und das am goldenen Halskettchen baumelnde Kreuz beim Atmen zu stören. Im selben Moment setzten seine Kollegen - jünger, weniger kahl und doppelt so breit - ihre Stiernacken in Bewegung. Nach einem kurzen Blick zu uns warteten sie wie Dobermänner auf das Kommando ihres Herrchens. Dessen Nasenflügel blähten sich auf, die Augen verengten sich zu Schlitzen - irgendwas Schreckliches war im Begriff geboren zu werden.

Kevin reagierte schnell. Er sprang auf und haute mit den Handflächen auf den Tisch der Neuen Russen. Dabei flog fast die obligatorische Smirnoff-Flasche vom Tisch. Einer der Schränke schaffte es gerade noch, die offene Pulle festzuhalten.

»Hey, entschuldigt meinen Freund!!« hörte ich Kevin durch die halbe Disko schreien, während er sich auf dem Tisch abstützend zum Chef lehnte. »Der ist gerade aus Deutschland angekommen und weiß sich nicht zu benehmen…Alles in Ordnung, Jungs!«

Der vermeintliche Boss fuhr zusammen und riss die Augen auf. Er schien auf einmal vollkommen nüchtern zu sein. Kevin hatte ihn kalt erwischt. Sein Schweigen währte einige Sekunden, dann ließ er ein anerkennendes Brummen hören. Die Kollegen lehnten sich enttäuscht zurück. Dann drehte sich Kevin um und kehrte zurück an unseren Tisch. Seinem Blick nach war er heilfroh, dass der Vorfall keine Verletzte nach sich zog. Kosta und ich auch.

Wie sich wenig später herausstellte, hatten wir uns zu früh gefreut. Das Trio fing eine grässliche Schlägerei mit irgendwelchen volltrunkenen Pfannkuchen-Visagen an, in der selbst die Klitschko-Brüder blass ausgesehen hätten. Wir sahen zu, dass wir fortkamen.

Die Party wurde in unsere Wohnung verlagert – mit drei Mädels aus dem Club. Damit das Mann-Frau-Verhältnis stimmte, rief Jamal ein weiteres Mädel an, das er beim ersten Vilnius-Besuch kennengelernt hatte. Eine Stunde später klingelte es an der Tür. Jamals Bekanntschaft war da. Und sie hatte zwei Freundinnen mitgebracht. Jamal hatte offensichtlich vergessen zu erwähnen, dass wir bereits Damenbesuch hatten …

Die erste halbe Stunde glich einem Aufenthalt in einem Käfig mit fauchenden Katzen. Dann löste sich die Spannung etwas. Um sechs Uhr morgens wurde Kevin zum 24-Stunden-Laden geschickt, um Bier, Champagner und Chips zu holen. Die Party ging erst richtig los. Das anspruchsvolle Spiel, das wir spielten lautete ›litauische Städte benennen für Trunkenbolde‹. Die Aufgabe: eine litauische Stadt aufsagen, die mit dem Endbuchstaben der zuvor genannten Stadt anfing. Wer passen musste, musste trinken.

Wenig später wurde das Spiel auf Wunsch der Loser, die eine neue Bestmarke im Nichtswissen und Vieltrinken aufstellten, vereinfacht. Nun galt es, *irgendeine* litauische Stadt beim Namen zu nennen. Als mein Alkoholpegel die Boris-Jelzin-Marke passierte, klinkte ich mich aus…

Der Berg ruft

Am späten Nachmittag erfolgte ein grausames Erwachen.

»Ihr seid euch im Klaren darüber, dass wir fast 15 Uhr haben?«, hörte ich Jamal dröhnen.

»15 Uhr? Nein, darüber war ich mir nicht klar …«, antwortete Kosta nach einem langen Gähnen.

»Mit so einer Einstellung wird das nichts! Mit der Einstellung kannst du deine Karriere in die Tonne klopfen!«

»Ich weiß … Ich versuche ja schon um eins aufzustehen. Aber es geht einfach nicht …«

Nach den üblichen Versicherungen, in Zukunft die Finger vom Alkohol zu lassen, schnürten Kosta und ich unsere Wintersneaker für einen kleinen Spaziergang. Ein Blick in den Spiegel bestätigte meine Vermutung - ich brauchte dringend frische Luft.

»Alter, du brauchst ja länger als ne Frau …«

»Ich find meine verdammte Mütze nicht!«, antwortete Kosta. Im Badezimmer stolperte er über Kevin, der dort nur mit einem T-Shirt bekleidet auf dem beheizten Boden schnarchte.

»Yo Kev! Hast du meine Mütze gesehen? Du hattest die doch gestern …« Durch uns geweckt, drehte sich Kevin zur Seite und etwas Schwarzes kam an der Stelle zum Vorschein, die normalerweise von einer Unterhose bedeckt wird.

Es war Kostas Mütze.

Kostas Wutschrei lag mir noch Stunden später in den Ohren. Kevins Erklärung war einfach unbezahlbar:

»Na ja … Ich hab nachts meine Unterhose gesucht … Und dann auch gefunden. Aber irgendwie wollte sie nicht passen …« Um zu bestätigen, dass in seinen Adern mehr Alkohol als Blut floß, schickte er schnell hinterher: »Du dusch! Und dann ich!«

Im Freien kratzte sich Kosta kurz am Hinterkopf und gab schließlich die Richtung vor. Direkt vor unserer Haustür befand sich ein schneebedeckter Hügel mit dem mysteriösen Namen *Tauro Kalnas*. Oben auf dem Berg befand sich ein riesiger grauer Klotz von einem Gebäude mit einem vorgestellten Säulenportikus. Bis auf die Eingangseite war das würfelförmige Gebäude in einem kläglichen Zustand – der Putz bröckelte, die Wände waren voll von Graffiti oder einfachen Schmierereien, auf dem Flachdach befand sich neben einer Rotunde ein Schuppen, dem wiederum das Dach fehlte.

Wären da nicht die zahlreichen Autos vor dem Eingang, hätte ich alles darauf gewettet, das Gebäude wäre verlassen. Auf Schild am Eingang stand ›Palast der Kulturgewerkschaften‹. Zumindest bot sich den Mitarbeitern aus den Fenstern ein herrliches Panorama auf ihre Stadt. Und sie konnten nach der Arbeit im *Propaganda*-Club zu Death Metal abrocken. Der Clubeingang befand sich auf der anderen Seite des Gebäudes.

Als ich meinen Blick über den Hügel wandern ließ, entdeckte ich ein paar Jugendliche auf Snowboards. Und begriff schlagartig: Der Platz war eine einmalige Spielweise für Wintersportfans. Der Berg glich im Profil einer langgestreckten Treppe und lud einen förmlich ein, sich auf irgendeinem Wintersportutensil runterzustürzen.

Die, die kein Snowboard hatten, rodelten auf Schlitten mit einem Mordsspeed den 200 Meter langen Hang runter. Kosta und ich waren baff. Skiurlaub mitten in der City! Und das gratis! Es fehlte nur noch ein Gerät, auf dem wir es den Einheimischen gleichtun konnten – sei es auch ein Wok.

Eine Stunde später kamen wir mit einer simplen Rodel-Schüssel aus dem Supermarkt wieder. Es war Zeit, den Rookies auf der Piste zu zeigen, wer die wahren Wintersport-Champs waren.

Mit verwegenen Mienen sattelten wir unser Gefährt und rollten zu zweit zur Hangkante. Der erste Versuch ging gründlich daneben. Die Schüssel glitt herrlich über den glattgefahrenen Schnee … Während wir wie Kartoffelsäcke hinterherkugelten. Die folgenden Versuche endeten alle nach wenigen Metern im Schnee.

Aber wir gaben nicht auf. Erneut nahmen wir zu zweit Platz auf der Schüssel, die eigentlich für *ein* Kind konzipiert war und starteten unseren nächsten Versuch. Es sollte unser letzter werden …

Nach einem mäßigen Start gelang es Kosta, der vorne saß und das Todesgefährt steuerte, die Ideallinie zu halten. Wir sausten mit einem satten Tempo den Hang hinunter, bis eine kleine Schneerampe direkt vor uns auftauchte.

Bevor ich überlegen konnte, zu bremsen, segelten wir bereits mit offenen Mündern durch die Luft – begleitet von purer Angst und dem Bauchgefühl, das man am höchsten Punkt einer Schaukel hat. Aber da war noch ein anderes Gefühl. Ich war irgendwie erleichtert. Wir waren über die Rampe hinaus geschossen und konnten nun so sehr wir es auch wollten nichts mehr daran ändern - wie wenn man im Schwimmbad vom Fünfer gesprungen ist und auf den Aufprall wartet. Mit dem kleinen Unterschied, dass uns unten kein Wasser erwartete. Wir konnten nur hoffen, uns bei der Landung nichts zu brechen.

Und die Landung war böse - eine von der Sorte, bei der man nicht direkt sagen kann, ob man sich etwas gebrochen oder verstaucht hat, weil der ganze Körper sich taub anfühlt. Kosta flog von der Schüssel und kullerte durch den Schnee, während ich es irgendwie schaffte, drauf zu bleiben und mit schmerzverzehrtem Gesicht weiterraste. Am Fuße des Hügels, wenige Meter vor einem Parkplatz, kam ich schließlich zum Stehen.

Ich versuchte aufzustehen und spürte, dass es keine gute Idee war. Mein Arsch schmerzte höllisch. Aber zum

Glück schien nichts gebrochen zu sein. Ich drehte mich um. Kosta stand oben in Siegerpose, die Fäuste in die Höhe gestreckt, und grinste mich an. Ich spürte, wie eine zweite Welle der Erleichterung meinen Körper erfasste. Nach dem Ritt auf der Kanonenkugel waren wir wieder heil auf der Erde angekommen. Nur die Rodel-Schüssel war reif für den Mülleimer. Es war Zeit, Tee trinken zu gehen.

Im Dunkeln schmeckts am besten

Als wir in die Wohnung zurückkehrten, wartete auf uns die nächste Überraschung. Im ganzen Haus gabs keinen Strom. Wir saßen im Dunkeln. Zudem hatten wir vergessen einzukaufen. Ein in dicke Plastikfolie verschweißter Fisch war das Einzige, was unser Kühlschrank hergab.

Wir zündeten eine Kerze an und versammelten uns lechzend um das Objekt der Begierde. Das Bankett war eröffnet. Die kommenden Minuten hörte man kein einziges Wort, nur Schmatzen, Schnaufen und Spucken. Die Kerzenflamme schaukelte schwach hin und her und unsere Körper warfen lange Schatten, die wie Gespenster an der Wand tanzten. *So ähnlich muss es bei den Neandertalern ausgesehen haben*, dachte ich mir, als ich mich in unserer Höhle umschaute. Ob sie damals geräucherten Fisch hatten, wagte ich allerdings zu bezweifeln. Auf dem Tisch staute sich ein kleiner Berg aus Gräten, Häuten und weiteren ungenießbaren Fischresten.

Die Energietanks waren wieder aufgeladen. Es wurde Zeit, etwas gegen unsere missliche Lage zu unternehmen. Jamal, der auf den Stromausfall wie eine Katze auf Wasser reagierte, sprang auf und schnappte sich sein Handy.

»Veronica? Hello! This is Jamal …« Er klang freundlich, aber bestimmt. Das Telefonat dauerte nicht länger als eine Minute und als er das Handy zur Seite gelegt hatte, sah man in seinen funkelnden Augen den Triumph: »Die schicken jemanden von den Stadtwerken vorbei!«

Ich konnte es nicht fassen. Jamal schien das Verhandlungsgeschick in die Wiege gelegt. Zum Glück sah Veronica nicht, dass er während des Telefonats nur in Boxershorts durch die Wohnung tanzte.

Der versprochene Besuch war schnell vergessen – für Ablenkung sorgte unsere Musikanlage, die auch mit Batterien funktionierte. Sechs Mono-Zellen brachten das Haus zum Beben. Die gute Laune war wiederhergestellt. Die übliche Zeremonie vor dem Weggehen konnte beginnen: trinken, diskutieren, die Zeit zum Stehen bringen.

Gegen Mitternacht klopfte jemand an der Tür. Im ersten Moment dachte ich an die Nachbarn, die sich wegen der lauten Musik beschweren wollten. Doch durch den Spion sah ich zwei müde Mitarbeiter der Stadtwerke, die gerade ihr Werkzeug abstellten. Sie sahen vertrauenserweckend aus und ich öffnete die Tür. Einer von ihnen, ein fülliger Mann Mitte Vierzig mit einem markanten Schnäuzer erklärte mir, sie wären bereits vor Stunden da gewesen. Aber keiner hätte aufgemacht. Ich sagte, wir wären beim Einkaufen gewesen – eine glatte Lüge. Es war mir schlicht peinlich, zuzugeben, dass wir sie wegen ohrenbetäubender Musik überhört hatten. Doch dann sagten sie, sie wären nicht einmal ins Treppenhaus gelangt, weil die Klingeln nicht funktioniert und keiner ihre Rufe gehört hätte. Es war also nicht ganz allein unsere Schuld, dass sie zum zweiten Mal, nachts antanzen mussten.

Die beiden machten sich nun flott an die Arbeit. Einer von ihnen ging runter in den Keller, der andere öffnete mit einer Zange die Metallverkleidung des

Sicherungskastens im Treppenhaus. Die Männer wussten, was sie taten. Binnen weniger Minuten brannte das Licht im Haus wieder. Als Dank wollte ich den beiden etwas anbieten. Bier wäre ideal. Ich eilte zum Kühlschrank und öffnete die Tür. Der Anblick war mehr als trostlos. Bis auf eine aufgerissene Packung Butter und ein nur noch mit Einlegflüssigkeit und Dill gefülltes Gurkenglas konnte mein Auge nichts Ess- und Trinkbares ausmachen. Ein unerträgliches Schamgefühl kam in mir hoch. Die Botschaft meines Gewissens war eindeutig: *Ihr macht Party wie die Irren und die Männer arbeiten rund um die Uhr, nachts, bei Minus zwanzig. Und da habt ihr noch nicht mal ein Bier als Dank. Vollidioten!*

Verlegen kehrte ich zur Tür zurück, blickte den Männern kurz in die Augen, sagte »Riesendank nochmal!« und verabschiedete mich mit einem übertrieben festen Händedruck. Ich konnte in ihren Gesichtern keine Missmut erkennen, was meine Stimmung etwas aufheiterte. Als ich ins Wohnzimmer zurückkehrte, wollte ich den Jungs den kurzen Zwischenfall mitteilen. Zuerst musste allerdings auf das Wunder der Elektrizität angestoßen werden …

Nachts, als alle gemütlich in ihren Bettchen schlummerten, klingelte es plötzlich an der Tür. Und es kam zum anfangs beschriebenen Zwischenfall mit den vier komplett in schwarz gekleideten Freunden, die unsere Heizung überprüfen wollten. Ob sie von den Stadtwerken oder einfach nur Ganoven waren, die das Messer in Jamals Hand abgeschreckt hatte, kann ich bis heute nicht sagen. Die erstere Variante gefällt mir jedoch wesentlich besser.

Die Diagnose

Am Morgen, also gegen 14 Uhr, trieb uns der Hunger aus dem Haus. Irgendjemand hatte die Idee, den neulich erspähten *Chebureki*-Laden aufzusuchen. Eine Viertelstunde später saßen wir im besagten Laden, der einer Mischung aus einem Café und McDonalds glich und verdrückten eine Hackfleisch-Teigtasche nach der anderen. Den gierigen Gesichtern und den Schmatzgeräuschen nach zu urteilen, schienen die fettigen Taschen allen zu schmecken. Die Rechnung sollte erst am Abend kommen …

Jamal, der normalerweise so ungefähr alles problemlos essen konnte und es auch tat, bekam plötzlich Bauchschmerzen. Unsere Erklärung war simpel: übermäßiger Alkoholkonsum. Dass ihm nicht die Leber, sondern der Magen Probleme bereitete und dass er eigentlich stets am wenigsten getrunken hatte, wurde gerne überhört.

Am nächsten Morgen stellte sich heraus, dass Jamal wegen Durchfall die ganze Nacht auf dem Klo verbracht hatte. Vorsichtshalber entschieden wir uns, einen Arzt aufzusuchen. Ein Mann, den wir auf der Straße ansprachen, zeigte uns den Weg zum Krankenhaus, das nur zwei Blocks entfernt war.

Vor Ort angekommen, stellte sich als erstes heraus, dass Jamal seine internationale Versichertenkarte nicht mithatte. Die Empfangsdame, die sich hinter Panzerglas verschanzt hatte und durch ein Bullauge mit der Außenwelt kommunizierte - offensichtlich gab es hier öfters Patienten-Angriffe abzuwehren - murmelte gelangweilt »Keine Karte - keine Behandlung!«

Nachdem ich ihr allerdings den vermeintlichen Ernst der Lage und ihre internationale Bedeutung geschildert hatte - schließlich kam der Patient aus Deutschland - wurde Jamal ins Behandlungszimmer gebeten. Da er weder Litauisch noch Russisch sprach – bis auf ein beachtliches Repertoire an russischen Schimpfwörtern und Basisausdrücken - kam ich als Übersetzer mit ins Zimmer. Es sollte der witzigste Arztbesuch meines Lebens werden.

Nachdem ich dem Arzt, einem stämmigen Mann um die Fünfzig mit einem milden Gesichtsausdruck, in Kürze Jamals Symptome erläutert hatte, schnappte er sich sein Stethoskop und presste es an Jamals Brust. Währenddessen führte eine Helferin penibel Protokoll. Was sie da schrieb, war mir unklar. Vielleicht war es eine Einkaufsliste. Dann tastete der Arzt Jamals Bauch ab und fragte, ob es an irgendeiner Stelle weh täte. Irgendwann hatte er genug.

Die Diagnose war beispiellos. Binnen weniger Minuten hatte der Mann Jamals Problem genau identifiziert. Als die Jungs vor der Tür die ›Diagnose‹ mitbekamen, erbebte die ganze Klinik vor schallendem Gelächter. In seinem Alter sollte »die Heulsuse« nicht krank, sondern hinter Mädchen her sein, erklärte mir der Arzt mit einem Lächeln.

Jamals Stimmung besserte sich umgehend. Auf dem Rückweg, als wir eine Apotheke passierten, fiel ihm ein, dass er auch noch Schulterschmerzen hatte. Irgendwie hatte er sich beim Tanzen in der Disko die Schulter verdreht. Und da war ja noch die Sache mit dem Durchfall …

Als ich Jamals Beschwerden aufzählte, merkte ich, dass die Apothekerin sich zusammenreißen musste, um nicht zu lachen. Die Jungs merkten es auch und der nächste Lachkick setzte ein.

Am nächsten Tag, rechtzeitig zu Silvester, war Jamal wieder beschwerdefrei. Die Lachtherapie ist bekanntlich die beste Therapie.

Neues Jahr, neues Pech

Nachdem die Einkäufe am Abend erledigt waren, nahmen wir in einem Café Platz, um die aufgekommene Hektik zu vertreiben. Die größte Feier des Jahres stand bevor – Silvester. Das Café im Zentrum von Vilnius war gut besucht und so wunderte es uns nicht, dass unsere simple Bestellung - vier Mal Tee - auf sich warten ließ.

In der Zwischenzeit wurde Kostas Vision diskutiert, die die Partyszene revolutionieren sollte. Es ging um Eis-Shots: Eiswürfel in Form eines Pinchens, innen hohl, aus denen man Wodka und andere hochprozentige Getränke zu sich nehmen konnte und die nach dem Trinken wie Wassereis in unterschiedlichen Geschmacksrichtungen verputzt werden konnten.

Jamal und Kosta stritten sich gerade, wie solche Eiswürfel möglichst einfach und kostengünstig hergestellt werden konnten, als Kevin, der die ganze Zeit nur zuhörte, mit seinem todernsten Kommentar den Strom der Kreativität mit einem Schlag abwürgte.

»Okay Jungs, macht die Technik schon mal klar, ich kümmere mich um das Promoten. Wir machen dann 80-20. Ich bekomme 80 Prozent, ihr 20.«

Donald Trump hatte gesprochen. Und wir konnten uns vor Lachen nicht mehr halten. »Hey, was denn? Okay, macht doch was ihr wollt – Hauptsache ich bekomme am Ende einen Prozent!«, legte er nach.

Eine halbe Stunde nach der Bestellung fehlte vom Tee immer noch jede Spur. Wir erklärten dem Kellner, dass er nicht erst nach China oder Indien musste, um uns eine Kanne auf den Tisch zu stellen. Was er uns offensichtlich übel nahm – der Tee kam eine satte Stunde später.

Der Tee war gut, aber Rache war bereits beschlossene Sache. Zeche prellen war angesagt. Jamal stand auf und ging Richtung Ausgang. Dann wurde es hektisch, weil keiner der Letzte sein wollte. Auf dem Tablett blieben einige Cents liegen – das Hohn-Geld.

Draußen rannten wir beinahe Kevin über den Haufen, der gemütlich vor sich hin rauchte und den flanierenden Mädels auf dem Boulevard hinterher schaute. Unsere Aktion glückte. Wir hatten auch nicht vor, das Café in nächster Zeit aufzusuchen. Leider vergaßen wir Kevin über unsere Missetat aufzuklären. Entsprechend konnte er sich die bösen Blicke nicht erklären, die ihm der Kellner zuwarf, als er ein paar Tage später im besagten Café aufkreuzte.

Nach der Prell-Aktion düsten wir zu unserer Wohnung – Silvester stand vor der Tür. Die Zeit raste und bevor ich mich versah saßen alle wieder am Tisch und hielten ein volles Glas in der Hand.

Die Stimmung war auszeichnet, jeder in der Runde hatte das besondere Leuchten in den Augen, das nur eins signalisierte – Vorfreude. Unter solchen Bedingungen war es ein Leichtes, einen sentimentalen Trinkspruch nach dem anderen zu bringen und stets Bestätigung, einen Moment der Ruhe, des bedeutungsvollen Kopfnickens zu finden. Aber Kevin sprengte die Runde mühelos:

»Lasst uns auf alle Zurückgebliebenen anstoßen … Ähm, ich mein alle Daheimgebliebenen!«

Kurz vor Mitternacht zogen wir mit Sektflaschen in der Hand zum Kathedralenplatz im Herzen von Vilnius, wo sich eine unglaubliche Menschenmenge zum gemeinsamen Feiern versammelte. Aus allen Seitenstraßen strömten Menschen ins Zentrum von Vilnius.

Punkt zwölf stand mein Herz für einen Augenblick still.

Ich wusste nicht, wohin ich schauen sollte. Jubel, zischende Raketen und ein grandioses Feuerwerk vor einem sternenbedeckten Himmel überfluteten meine Sinne völlig. Plötzlich ertönte wie aus unsichtbaren Lautsprechern Musik. Erst ›Happy New Year‹ von ABBA, dann ein litauisches Lied nach dem anderen. Um uns herum feierte man, als wäre das neue Millennium erst jetzt gekommen. Wildfremde Menschen umarmten sich von Herzen und wünschten sich das Allerbeste fürs neue Jahr. Sekt wurde ausgegossen und eine Welle aus Euphorie und Wärme breitete sich über den ganzen Platz aus. Ich bekam eine Gänsehaut, in den Fingerspitzen fing es an zu kribbeln und es kam mir vor, als hätte ich vergessen zu atmen.

Die Leute fingen an zu tanzen, es bildete sich ein menschlicher Kreisel, der sich um einen überdimensionalen Weihnachtsbaum unweit der majestätischen Kathedrale drehte. Wir schlossen uns den rennenden Menschen an – ich packte mit der rechten Hand die Hand eines Mannes vor mir und streckte die linke einem Mädel hinter mir entgegen. Sie drückte meine Hand und schon waren wir Teil des menschlichen Karussells, das sich immer schneller drehte. Es war verdammt glatt, aber zum Glück konnte man nicht ausrutschen, da man Teil einer Kette war, die fest gespannt war. Im Inneren des Kreisels stand die Zeit still. Als immer mehr Menschen hinzustießen, brach dieser schließlich unter seiner eigenen Masse zusammen. Just in diesem Moment ertönte ein Reggae-Lied. Jeder von uns musste lachen. So etwas hatte die westliche Zivilisation noch nicht gesehen …

Bis in die frühen Morgenstunden wurde mit unzähligen Litauern angestoßen, getrunken, umarmt, fotografiert und getanzt.

Irgendwann fanden wir uns in einem Laden Namens ›Wildclub‹ wieder. Die Jungs holten sich als erstes an der Theke das obligatorische Bier. Ich schaute mich etwas um und bemerkte plötzlich hinter der Theke ein wunderschönes, brunettes Mädel. In ihrem bildhübschen Gesicht sah man ab und zu ein geheimnisvolles Lächeln. Leider verschwand sie schnell in einem Hinterraum. Später tauchte sie wieder auf, doch sie war wie eine Fata

Morgana – jedesmal wenn ich mich ihr nähern wollte, löste sie sich wieder in der Dunkelheit des Clubs auf. Also machte ich mich durch ihre Bar-Kollegen und Kolleginnen über sie schlau.

Sie hieß Natascha, studierte Wirtschaft und hatte vor kurzem eine Klausur geschrieben. Das waren genug Infos für den Anfang. Durch Augenkontakt bekam ich schließlich ein positives Feedback von ihr. Aber irgendwie war sie stets beschäftigt, was meine Geduld auf die Probe stellte. Ich wartete eine Zeitlang an der Theke. Schließlich blieb sie bei mir stehen.

»Hey Natasch! Na, wie gehts?«

Sie schaute mich leicht misstrauisch an, konnte aber ihre Überraschung nicht verbergen:

»Woher kennst du meinen Namen?«

»Na ja … Ich weiß so Einiges über dich …«, antwortete ich mit einem geheimnisvollen Lächeln.

»Dann schieß los!«

»Du hast doch heute eine Klausur an der Uni geschrieben …«

»Ja!« Ihre Augen leuchteten auf einmal auf. »Und die hab ich total vergeigt!« Sie lächelte über das ganze Gesicht. Doch nach kurzem Lebensblitz wies sie mich schnell wieder in die Schranken.

»Ich muss jetzt weiter …«

»Weißt du …«, unterbrach ich sie. »Du hörst dich gar nicht an, als ob du eine Klausur vergeigt hättest … Ich glaube du bist die einzige hier im Laden, die lächelt. Oder machst du das nur in meiner Gegenwart?«

Sie lachte auf - nach einer Antwort suchend - und schaute mir in die Augen. Ihr Lächeln war bezaubernd. Ich lächelte zurück und im nächsten Moment mussten wir beiden lachen. Die Chemie zwischen uns schien zu stimmen. Bis plötzlich eine Arbeitskollegin aufkreuzte.

Sie beugte sich zu Natascha und flüsterte ihr etwas ins Ohr. Mir war klar, dass unsere Tresen-Unterhaltung nicht mehr lange dauern würde. Anmachversuche abzuwehren ist das täglich Brot der Mädels, die in Bars und Clubs arbeiten. Aber sollte mal der seltene Fall eintreten, gesetzt dem eine von ihnen plötzlich schwach werden würde, waren die anderen da, um sie vor aufdringlichen Verehrern zu schützen. Der Fall war eingetreten. Vielleicht irrte ich mich auch, aber im nächsten Moment hörte ich ein »Sorry, aber ich muss jetzt weiter arbeiten …«

Ich beschloss, aufs Ganze zu gehen, denn ich hatte keine Lust dem Mädel nachzustellen.

»Alles klar. Also wieso siehts aus mit unserem Treffen morgen?«

»Ich würde gerne, aber ich hab einen Freund …«, antwortete sie rasch. Autsch! Ich spürte wie der Schlag die Magengrube erreichte. Dann blickte ich ein letztes Mal in ihr Gesicht. In diesem Moment bogen sich ihre Mundwinkel nach unten und die Augenbrauen leicht nach oben. Sie ging nicht einfach weg, sie wartete auf meine Reaktion. Wie konnte ich ihr böse sein? Ich lächelte sie an, sagte »Ciao« und machte mich auf die Suche nach den Jungs …

Carpe diem

Wenige Tage später stand mal wieder die unausweichliche Abreise vor der Tür. Ein Abend blieb uns noch. Ein letzter Abend, an dem normalerweise alle richtig gut abgehen. Normalerweise.

Doch ausgerechnet an diesem Abend herrschte in unserer Bude eine trostlose Stimmung. Passenderweise hatte jemand *Coldplay* angemacht. Alle schienen sich durch irgendeine Tätigkeit ablenken zu wollen. Kevin rauchte eine Kippe nach der anderen und starrte entgeistert aus dem Fenster, an dem hin und wieder vereinzelte Schneeflocken vorbeiflogen. Jamal schlief auf der Couch im Wohnzimmer. Kosta tippte träge auf seinem Laptop. Ich packte meine Klamotten. Allen war bewusst, dass es der letzte Abend war. Keiner wollte daran denken, doch alle taten es - alle dachten an die Zeit danach. Die Stimmung lief ganz klar Richtung Tiefpunkt …

Eine Stunde später saßen alle am Tisch, um ein letztes Mal auf eine unvergessliche Zeit in Vilnius, in Litauen, anzustoßen. Ich blickte in die Runde. In den Gesichtern der Jungs machten sich die Strapazen der letzten Tage bemerkbar. Strapazen, die man gerne in Kauf nahm. Schlicht, um einander später in die Augen zu schauen und zu sagen »weiß du noch an dem einen Abend …?!«

Doch diesmal kreisten die Gedanken in der Runde um die lange Rückfahrt, Aufgaben daheim und irgendwelche dringende und allem Anschein nach lebensnotwendige Erledigungen vor der Abfahrt. Kurzum, die Vernunft gewann überhand über die Emotionen. Selbst die laute Partymusik half nichts: Kosta und Jamal beschlossen, daheim zu bleiben, um am nächsten Morgen ausgeschlafen die Rückfahrt anzutreten. Eigentlich eine vernünftige Entscheidung. Es macht Sinn, an einem Freitagmorgen, um zwei Uhr, zu Hause zu bleiben, wenn man am selben Tag noch eine 20-Stunden-Autofahrt durch Osteuropa vor sich hat …

Aber es macht keinen Spaß. Es ist eine verpasste Gelegenheit, um die womöglich unvergesslichste Zeit seines Lebens zu haben. So dachten zumindest Kevin und ich. Und damit war unsere Entscheidung auch gefallen. Wir zogen unsere Schuhe an. Ich blickte ein letztes Mal prüfend in den Spiegel. Immer noch Schwermut im Gesicht. Lächeln. Schon besser.

Die Tür hinter uns fiel zu, wenige Schritte später war der dunkle, kalte Korridor durchquert. Im Treppenhaus hallten Schritte. Zwei Polizisten kamen uns entgegen. Sie gingen langsam, schweigend an uns vorbei.

»Nummer zehn?«, fragte ich im Vorbeigehen und versuche mich an unsere Wohnungsnummer zu erinnern. Einer der beiden nickte langsam. Hat sich also wieder ein Nachbar beschwert. Dabei waren wir diesmal gar nicht so laut … Na ja, vielleicht ein bisschen.

»Viel Glück!«, rief Kevin den beiden hinterher und knallte die Eingangstür zu.

Der erste Gedanke im Freien lautete *Taxi*. Es war verdammt kalt. Soll heißen Minus 17. Doch wer glaubt, dass Kälte die Leute vom Ausgehen abhält, täuscht sich. Und nicht nur uns, Touristen, sondern auch die Einheimischen. Zum Glück stimmt die Regel: je widriger die Bedingungen, desto ausgelassener die Feier. Zwei Clubs lagen gleich vor unserer Haustür. Blöderweise war der eine zu und der andere fast leer. Der nächste Club war zehn Minuten entfernt. Zehn Minuten zu Fuß bei Minus 17 können sehr lang werden. Taxen waren nicht in Sicht. Wir wollten nicht erfrieren und liefen los.

Nach einigen Minuten spürte ich meine Zehen nicht mehr. *Wer geht schon in dicken Winterstiefeln in die Disko?* Als Nächstes machten die Ohren auf sich aufmerksam. *Wozu ne Mütze? Sind wir etwa Mädchen?* Handschuhe mussten aber schon sein. Ich schielte zu Kevin rüber. Er hatte keine Handschuhe, dafür eine Mütze an. Diese schien allerdings keinerlei positiven Effekt auf die Durchblutung seines Hirns zu haben: »Hey, weißt du was? Ich glaub Minus 17 ist kälter als Minus 15!«

Die Straßen waren leer. Die Ampeln waren auf rot geschaltet. Das rote Licht spiegelte sich auf dem nassen Asphalt und hatte etwas Hypnotisches an sich. Ich fand es irgendwie schön, entschied mich jedoch im letzten Moment, es für mich zu behalten. Für Kommentare dieser Art verdient man in solch einer Situation auf die Fresse.

Keiner von uns sagte ein Wort, Kevin hatte seinen Kragen hochgezogen. Ein einsames Auto fuhr vorbei. Sekunden später holte uns die Stille wieder ein. Ich hörte nur meinen Atem und das Knirschen und Knacken von Schnee und Eis unter den Schuhen. Es waren nur noch wenige Meter bis zum Club. Wir bogen voller Hoffnung um die Ecke …

Die schlimmste Befürchtung musste sich bewahrheiten – der Laden war zu. *Merde!*

Ein Gutes hatte die Kälte allerdings. Sie machte aus jedem Theoretiker schnell einen Pragmatiker. Aufregen kam einfach nicht in Frage. Rasches Handeln war gefragt.

Um die Ecke musste noch eine Bar sein. Die Zeit lief gegen uns. Es schien mit jeder Minute kälter zu werden …

Vor der Bar war allerdings klar, dass auch hier nichts ging. Wo normalerweise nahezu jeden Abend Raucher an ihren Glimmstängeln zogen, begrüßte uns nun die nächtliche Einsamkeit.

Enttäuscht traten wir den Rückweg an. Meine Ohren spürte ich schon gar nicht mehr. Mir fiel ein, welch üblen Schmerz sie beim Auftauen verursachen und ich beschleunigte meinen Gang. *Zumindest macht Kälte Augen nichts aus*, dachte ich und blickte zu Kevin rüber. Dieser glich mittlerweile einer Schildkröte, die den Kopf zur Hälfte in ihren Panzer eingezogen hatte.

»Was werden die Jungs jetzt wohl sagen?«, fragte ich den Ninja Turtle.

»Haben wir doch gesagt! Nichts los in der Stadt. Was sonst?!«, schoss Kevin wie aus der Maschinenpistole zurück. Ein Lächeln mischte sich in sein von Kälte verzerrtes Gesicht. Während ich laut lachte, gefror mein Atem augenblicklich und eine Dampfwolke stieg in mein Blickfeld empor. In ihr schien sich unsere Wohnung mit der geliebten Fußbodenheizung und dem riesigen warmen Bett abzuzeichnen. Ich konnte mich nicht erinnern, sich je dermaßen auf Wärme gefreut zu haben.

Ich schloss die Wohnungstür auf und noch bevor die Schuhe ausgezogen waren, hörte man ein zufriedenes »Na, was haben wir gesagt? War doch klar, dass heute nichts geht!« durch den Raum hallen. Kevin blickte zu mir rüber und wir brachen in lautem Lachen aus. Endlich im Warmen angekommen, belohnte mich mein Körper mit einem unerwarteten Glücksgefühl, das sich im ganzen Körper ausbreitete. Es sollte eine ruhige Nacht werden.

Väterchen Frost lässt grüßen

Gefühlte drei Stunden später klingelte der Wecker. Für die, die am Tag zuvor rumgedöst hatten, hieß es Sachen packen. Die anderen erwartete die undankbare Aufgabe, die Wohnung aufzuräumen.
Als die Vermieterin anrief, ging leider die falsche Person ran.

Kevin, allem Anschein nach noch in den Armen von Morpheus, verwechselte die Vermieterin am anderen Ende der Leitung mit einem Mädel, das er in der Disko kennengelernt hatte. Und so versuchte er allen Ernstes die Frau in die Wohnung auf einen Kaffee einzuladen. Nach dem Telefonat lagen alle auf dem Boden vor Lachen.

Wir hatten eine Stunde Zeit, die Bude in den alten Zustand zu bringen. Leider konnte sich keiner von uns erinnern, wie die Wohnung ausgesehen hatte, bevor dort eine Bombe einschlug. Die leeren Wodka-, Bier und Weinflaschen, die Zigarettenschachteln, Saftpackungen und Orangenschalen standen schon so lange in der Gegend rum, dass sie beinahe zum Inventar zu gehören schienen. In einer Ecke lag der Wohnzimmertisch. Er war bereits am ersten Tag zusammengebrochen. Wir hatten eine Menge Arbeit vor uns. Also bestellten wir uns erstmal Pizza …

Nach einem Dutzend Läufen zum Müllcontainer sah die Wohnung etwas leerer aus. Sauberer jedoch nicht. Es klingelte - die Vermieterin war da. Ich fühlte mich irgendwie erleichtert - nun war alles zu spät, wir konnten nichts mehr tun.

Die blonde Frau Ende 30 schaute sich schweigend um. Der Wohnzimmertisch war komplett mit Pizzaschachteln bedeckt, ansonsten sah es in der Bleibe gar nicht mal so übel aus - bis auf eine respektable Staubschicht, die nahezu jeden Quadratzentimeter der Wohnung bedeckte und aus der Nähe betrachtet mit Schimmel bedecktem Moos glich. Wir warteten ab, was die Frau ankreiden würde.

Zu unserer Überraschung sagte sie nichts. Dafür sprach ihr mürrischer Blick Bände. Ich drückte ihr die Schlüssel in die Hand und lief hinunter zum Hof, wo wir das Auto geparkt hatten. Es schneite ein wenig und es war eisig kalt. Das Thermometer im Auto zeigte Minus dreizehn an. Ein leichtes Schütteln ging durch meinen Körper.

Wir packten unsere 70 Sachen in den Kofferraum und waren bereit loszudüsen. Es gab nur ein kleines Problem. Beim Drehen des Schlüssels in der Zündung vernahmen wir nur mitleiderregende Geräusche, die mich an ein verendendes Pferd erinnerten. Anscheinend gab es ein Problem mit der Autobatterie. Entweder sie war leer oder sie hatte ihren Geist komplett aufgegeben. Das Letztere wollte keiner von uns hoffen. Als ein Nachbar sein Auto aufschloss, fiel Kosta ein, dass er Starthilfekabel im Kofferraum hatte. Der Mann zeigte sich hilfsbereit und die beiden Autos wurden umgehend verdrahtet. Alle schauten gespannt auf den auf Hochtouren laufenden Motor des Retterautos und rieben sich vor Kälte die Hände. Zehn Minuten später tat sich immer noch nichts. Der Wagen wollte sich einfach nicht starten lassen. Dafür ging dem Helferauto langsam der Sprit aus. Außerdem musste der Mann zur Arbeit. Meine Ohren und Finger fingen vor Kälte an zu schmerzen, was mich an die Nacht zuvor erinnerte …

In die Wohnung konnten wir nicht mehr; die Schlüssel waren bereits abgegeben. Und im Auto war es genauso kalt wie draußen. Kevin und ich setzten uns trotzdem rein. Kosta und Jamal versuchten einen anderen Fahrer anzuhalten. Nach weiteren zehn Minuten liefen meine Finger blau an. Ich schaute durch die beschlagene Scheibe nach draußen. Es war sonnig. Ein paar Tauben pickten etwas auf der Stelle, die das weggefahrene Nachbarsauto freigegeben hatte. Im Inneren meines Kopfes hörte ich ein dumpfes *Es wird schon irgendwie klappen, es muss einfach klappen* … Ab und zu tauchte die unangenehme Frage auf, was wir machen würden, wenn das Auto gar nicht anspringen würde. Ich versuchte sie so gut es ging zu verdrängen.

Wenig später war der nächste Helfer gefunden. Die Prozedur ging von vorne los. Der Motor des alten Peugeot strengte sich nach Kräften an, konnte unsere Batterie jedoch auch nicht zum Leben erwecken. Die auf den Motorblock gerichteten Gesichter verdüsterten sich. Das Abenteuergefühl war längst einer ernsthaften Besorgnis gewichen.

Und dann passierte es. Noch nie klang das Geräusch eines anspringenden Motors in meinen Ohren so heilsam. Erleichterung machte sich breit. Binnen Sekunden quetschten sich alle in die Stahlkarosse und drehten die Heizung bis zum Anschlag hoch. Die Scheiben waren von außen und innen vereist. Im Inneren sah es aus wie in einem Panzer. Wir fuhren eine Runde um den Block, bis eine sonnige Stelle gefunden war und hielten an. Der Motor lief und das Eis auf den Scheiben begann zu schmelzen. Meine Finger und Zehen tauten langsam auf und schmerzten höllisch. Nach einem Blick zur Tankanzeige war klar, dass weiteres Rumsitzen nicht in Frage kam.

Als das Auto an der Tanksäule zum Stehen kam, stellte Kosta aus Gewohnheit den Motor ab. Alle schluckten unweigerlich. Natürlich sprang der Motor nicht mehr an. Die Geschichte ging von vorne los.

Vor uns tankte ein kerniger junger Bursche seinen Mazda. Seine Freundin auf dem Beifahrersitz machte große Augen, als die Motorhaube vor ihr hoch ging und ihr Freund mit irgendwelchen Kabeln zu hantieren begann.

Diesmal schien nichts helfen zu wollen. Nach einer Viertelstunde Aufladen brachen wir die Rettungsaktion ab. Die digitale Anzeige über dem Lenkrad war tot. Vermutlich war die Batterie dahin. Der hilfsbereite Litauer düste samt erboster Freundin ab und wir waren wieder an derselben Stelle wie vor zwei Stunden. Die Kälte ging mittlerweile in die Knochen …

Doch wir hatten Glück – unweit der Tankstelle befand sich eine Autowerkstatt. Während Kosta und ich dort eine neue Batterie organisierten, lief Kevin zu einem Imbiss rüber und besorgte allen Kaffee. Die Leute in der Werkstatt machten keine Anstalten, uns beim Batterietausch helfen zu wollen, also liehen wir uns einen Zwölferschlüssel und versuchten die alte Batterie auf eigene Faust aus dem Motorraum zu schrauben. Die Batterie klemmte, der Schlüssel rutschte immer wieder ab und die Finger wollten bei der Eiseskälte einfach nicht, wie sie sollten. Der Schlüssel fiel durch den Motorraum in den Schnee; wir waren kurz vorm Durchdrehen.

Irgendwann hatte jemand dort oben Erbarmen mit uns - die Teufelsbatterie war endlich draußen. Mit letzten Kräften wurde der neue Akku verbaut, woraufhin der Motor ohne Probleme ansprang. Von Freude war wenig zu spüren. Dazu mussten erst die abgefrorenen Gliedmaßen aufgetaut werden. Als das unerträgliche Stechen in den Fingern einem wohligen Gefühl von Wärme wich, fing mein Magen an zu knurren. Es war halb vier am Nachmittag und wir hatten noch nicht einmal gefrühstückt …

Das Auftauen wurde im *Cili Pica* um die Ecke fortgesetzt. Dort war es so kuschelig warm, dass wir beinahe vergaßen, dass wir noch nach Deutschland mussten.

Um elf Uhr abends fanden wir uns auf einer einsamen, verschneiten Landstraße wieder – irgendwo in Polen. Links und rechts sah man nur pechschwarzes Dickicht. Es kam mir vor, als wären wir in einem Tunnel. Nur gab es an dessen Ende kein Licht. Irgendwann ging die zweispurige Straße in eine einspurige über und man sah kein Licht weit und breit. Selbst am Himmel leuchtete kein einziger Stern. Wir waren in ein schwarzes Loch gefallen, das einfach nicht enden wollte …

An einer drei Wege-Gabelung bremsten wir ab und vertieften uns in die Karte. Um uns herum herrschte Totenstille, der langsam fallende Schnee, den die Autoscheinwerfer bloßstellten, hatte etwas Befremdliches an sich. *Was hier noch fehlte, war ein Irrer mit einer Eishockey-Maske und einer Machete – von der Blairwitch-Hexe wurden wir ja schon in diese Wälder gelockt …*

Der Maßstab unserer Karte ließ zu wünschen übrig, das Augenmaß war gefragt. Eins stand fest: Keiner der Wege sah aus, als würde er aus diesem Teufelswald führen. Wir entschieden uns für den breitesten und setzten unsere Odyssee fort.

Als endlich Lichter am Horizont auftauchten, schmiss ich die Karte erleichtert beiseite. Wir waren wieder zurück in der Zivilisation.

Allerdings hatte ich mich zu früh gefreut. Kaum hatten wir die Autobahn erreicht, fing es an, wie aus Eimern zu schütten. Mit jedem zurückgelegten Kilometer wuchsen die Schneewechten links und rechts der Fahrbahn. Es ging es nur noch im Schritttempo weiter. Die Gedanken an

Schneeketten mehrten sich. Nicht dass wir welche dabei hätten …

An der nächsten Raststätte wurde Halt gemacht, um über das weitere Vorgehen nachzusinnen – so der Plan. Da keiner jedoch auch nur annähernd Lust hatte, über irgendetwas nachzudenken, fanden wir uns Minuten später in einer kleinen polnischen Gaststätte wieder, in der jeder erst einmal Hühnerbrust mit Pommes bestellte.

Die Billard spielenden Gestalten im Lokal sahen alles andere als gastfreundlich aus. Ihren Blicken zufolge blieb uns nicht allzuviel Zeit, das weit entfernte Deutschland zu suchen. Sorgen bereitete mir auch die Tatsache, dass unserer vollbepackter Wagen samt Notebooks im Fond im dunklen Hof zurückgelassen wurde.

Minuten später ließ uns ein herrliches Aroma alle Sorgen vergessen – das Essen war da. Nach den ersten Bissen waren alle Vorurteile über Polen vergessen, die düsteren Gestalten vom Billardtisch schienen nun harmlos, wenn nicht gar wohlwollend. Getreu dem Motto ›Man soll gehen, wenn es am schönsten ist‹ verließen wir das Lokal und setzten die Heimfahrt fort. Der Verkehr auf der (Schnee-)Piste lichtete sich nach einer Weile und es hörte auf zu schneien. Was trotzdem nichts an der Tatsache änderte, dass die Rückfahrt unfassbare 36 Stunden dauerte – fast doppelt so lange wie gewöhnlich.

Wie beschissen fühlst Du dich?

Am Abend unserer Ankunft fand ich mich vorm heimischen Rechner wieder. Den halben Tag hatte ich im Bett verbracht – die Rückfahrt hatte so ihre Spuren hinterlassen. Als ich *ICQ* gestartet hatte, sah ich, dass Kevin online war und schrieb ihn prompt an:

Boris: - Und? Wie beschissen fühlst *Du* dich?

Kevin: - Ooooh … Frag lieber nicht. Wollt dich grad anrufen … Will raus.

- Wo willst denn hin?

- Will wieder zurück. Ach, einfach raus, weiß nicht wohin … Würd gern schlafen … Bis zum nächsten Mal Litauen.

- Der war gut. Einfach Winterschlaf halten.

- Ah fuck it. Will wieder zurück. Weil … Hier kann ich all das, was dort war, nicht erleben.

- Wie wärs wenn du das nur als einen ›limiting belief‹[4] ansiehst?

- Eine monumentale Lüge!

- LOL

- Ist schon depri, dass es war ist.

- Merkst du wie die negativen Emotionen grad die Oberhand gewinnen? Und wie stark man ihnen nachgehen will?

- Oh ja …

- Das ist wie wenn du dich mit jemand prügeln willst und einer dazwischen geht. Dann willst du es umso mehr.

- Hahaha. Jep.

- Um diese Zeit zu überstehen braucht man Zeit, Freunde, gute Musik und Beschäftigung.

- Und dann, wenn du es überstanden hast - was passiert dann? Dann bist du trotzdem hier und nicht da!

- Dann setzt die unerträgliche Gleichgültigkeit ein. Der Alltag.

- Genau! Der Abfuck …

---

[4] Die Einstellung ›Ich kann … nicht tun, weil …‹ ist ein einschränkender Glaubenssatz (limiting belief).

Kapitel 3

Alle guten Dinge sind …

Das Wetter meinte es gut mit Vilnius. Die Sommersonne schien durch das halb offene Fenster ins Wohnzimmer und eine Brise schaukelte den Seidenvorhang sanft hin und her. Ich lag auf einem Klappbett, den Kopf zur Seite gedreht, und starrte auf die kleinen Risse in der Wand vor mir. Ich konnte nicht glauben, dass wir wieder in Vilnius waren. Seit den Winterabenteuern war nur ein halbes Jahr vergangen. Die alte Truppe war wieder vollzählig: Kosta, Jamal, Kevin und meine Wenigkeit. Und noch eine Person konnten wir für Vilnius begeistern:

Jura-Student Micha, Moralapostel und Dalai Lama in einem, kannte unsere Vilnius-Geschichten beinahe auswendig, als er sich endlich entschloss, nach Litauen mitzukommen. Wir lernten Micha in der Schule kennen, in der er vom Stühle und Wände zertrümmernden Kampfsportfan mit lustigen Aussprachefehlern zum friedlichen Musterschüler mutierte. Nun hatte der Vorzeigestudent, der problemlos als Vincent Cassel-Double arbeiten könnte, Semesterferien und schlief mit offenem Mund auf der Couch im sommerlichen Vilnius.

Jamal und Kevin schnarchten im Zimmer nebenan. Allein Kosta war auf den Beinen. Er machte sich im Badezimmer fertig, aus dem ab und an unfeine Geräusche ins Wohnzimmer vordrangen. Der Grund für seine Überaktivität war ein Date mit einem Mädel, das er die Tage zuvor in einem Club kennengelernt hatte.

Als Kosta die Tür mit dem Kommentar »Bis später, ihr Luschen!« hinter sich zuknallte, kehrte in unser Gemach eine ungewöhnliche Stille ein und ich gab mich weiter dem Dösen hin.

Eine halbe Stunde später klingelte Jamals Handy. Es war Kosta. Er war im Auto unterwegs zu irgendeinem

Naturpark Namens *Belmontas* am Rande von Vilnius. Mit seiner Begleitung. Wir sollten nachkommen – mit dem Taxi. Und als wäre diese Anweisung nicht schon dreist genug, sollten wir auch noch was zu futtern mitbringen. Wir wollten Kosta schon zum Teufel schicken, als uns plötzlich eine Zusatzinfo erreichte: Andere Mädels waren auch am Start. Binnen Sekunden war der Schlaf aus unseren Gesichtern verschwunden und alle versammelten sich um Jamal, der das Handy am Ohr hielt. Was zu essen besorgen? Kein Problem! Decken? Klar, wird gemacht, sind gleich da.

Innerhalb von 15 Minuten saßen alle im Taxi. Das Wetter war nach wie vor herrlich, eine angenehme Wärme schwebte über den staubigen Straßen, über die unser Taxi hinweg raste.

Am Rande der Stadt wichen die grauen Betonklötze einer idyllischen, hier und da mit einzelnen Holzhäuschen gespickten Naturlandschaft. In einem plötzlichen Anflug von Redseligkeit schwatzte ich unseren Taxifahrer, einen dürren Mann jenseits der Fünfzig, mit dichten weißen Bartstoppeln und wachen Augen, über die sich in Litauen anbahnende Euro-Einführung an.

»Sagen Sie, glauben Sie alles wird teurer, wenn der Euro eingeführt wird? Ich mein, die Preise werden wie in Europa sein, nur die Löhne werden die alten bleiben …«

»Neeein, warum? Nichts wird teurer … Der Litas ist ja an den Euro gekoppelt …« Im selben Satz erwähnte der Taxifahrer, dass er vor kurzem seine Datscha verkauft hatte, um über die Runde zu kommen.

Hoffnung hält einen am Leben. Aber Handeln lässt einen überleben, dachte ich mir als wir auf einem großen Parkplatz am Rande eines dichten Waldes zum Stehen kamen. Auf einem Backsteintürmchen prangte in großen schwarzen Buchstaben die Aufschrift ›BELMONTAS‹.

Belmontas hatte etwas von Versailles im Kleinformat. Am Parkeingang gab es kleine Fontäne, Skulpturen, künstliche Kanäle und Tümpel samt Enten und Schwänen. Daran schlossen sich riesige Kiefern an, die nach wenigen Metern einen dichten, imposanten Wald bildeten. Die Luft war wie ionisiert, das Atmen fiel leicht, es roch nach frischem Gras und Harz. Aus dem Park drang vergnügtes Kinderlachen zu uns.

Dann erblickten wir Kosta und seine Begleitung. Kostas Bekanntschaft hieß Jolanta, hatte schulterlanges schwarzes Haar und einen mehr als zierlichen Körper. Ihre tiefblauen Augen hatten etwas Geheimnisvolles an sich, doch der Blick war recht kalt. Ihre Freundin Ausra war ebenfalls recht klein, legte offensichtlich großen Wert auf Markenkleidung und stach durch ihr markantes Lächeln hervor. Markant daran war die Tatsache, dass es unecht war. Zumindest kam es so rüber. Wenn sie nicht wusste, was sie sagen sollte, ging erst der eine, dann der andere Mundwinkel hoch und offenbarte ein perfekt gebleachtes Lächeln. Dann checkte sie ihre sorgfältig gelegten kastanienbraunen Locken. Wie wir später erfuhren, wuchs sie in den USA auf und arbeitete in einer englischen Grundschule in Vilnius.

Das dritte Mädel, Indre, trug eine exklusive Sonnenbrille und ein schwarzes Business-Outfit – als käme sie grad aus der Anwaltskanzlei. Das Trio war bestens gelaunt und ging nach einer überaus netten Begrüßung voraus, um uns eine coole Stelle im Park zu zeigen.

Zehn Minuten später erreichten wir eine Anhöhe mit einer malerischen Aussicht auf einen überdimensionalen Sandabhang - gut 100 Meter über dem Tal, indem ein kleiner Bach plätscherte.

Alle stoppten und versuchten das grandiose Naturspiel auf sich wirken zu lassen. Bis auf Kevin, der bereits auf einem Apfelbaum turnte. Allem Anschein nach versuchte er ein paar Früchte zu holen. Die Mädels setzten sich auf eine umliegende Bank und fingen an, auf Litauisch zu tratschen. Dann tauchte Kevin mit einer Hand voll Äpfel auf und verteilte sie in bester Robin Hood-Manier an die Damen.

Als es dämmerte suchten wir uns eine gemütliche Ecke unweit des kleinen Baches und ließen uns nieder. Bier und Chips gingen durch die Runde. Nach einer Weile sonderten sich Kevin und Kosta von der Gruppe ab und setzten sich an das wenige Meter entfernte Flussufer. Ich schloss mich ihnen an.

»Die ganze Gegend hier erinnert mich so an Russland. Ich hab da mal an genauso einem Bach gefischt …«, meldete sich Kosta nach einer Weile zu Wort. »Und so kleine Fische rausgeholt …«, er hob seine rechte Hand an und ließ zwischen dem Daumen und dem Zeigefinger wenige Zentimeter Abstand.

»Der Abend ist echt Wahnsinn!«, schoss es plötzlich aus Kevin heraus. Er schaute sich nach Worten ringend um; aus seinen Augen schienen Funken zu sprühen. »Ich bin heute zum ersten Mal seit ich zwölf oder dreizehn bin wieder auf einen Baum geklettert … Ich weiß nicht was es ist, aber ich fühl mich hier so frei!«.

Nach einer Weile gesellte sich Micha zu uns und wir fragten nach seinem ersten Eindruck von Vilnius.

»Die Stadt ist schon Hammer …«, fing er mit einem nachdenklichen Gesichtsausdruck an. »Die ganze Schönheit hier macht einen einfach so friedlich. Die Atmosphäre in der Stadt, die Frauen, die Kirchen, die Natur hier … Es reicht schon aus, all das um dich herum zu haben und du fühlst dich unglaublich gut, einfach ruhig.«

Dem war nichts hinzuzufügen. Wir machten uns auf zurück in die Stadt.

Nice to hear

Ich öffnete die Augen und sah Kevin am Fenster sitzen – ein Anblick mit Seltenheitswert um acht Uhr morgens. Irgendwas stimmte nicht. Kevin war ungewöhnlich ruhig und doch hellwach. Ich musste der Sache auf den Grund gehen.

»Ich weiß gar nicht, was ich machen soll … Es ist, als wäre ich ein kleines Kind und würde nur auf ihre Reaktion warten. So was hatte ich glaub ich noch nie …«, fing er an.

»Du kennst mich ja, Frauen bringen mich ja nicht aus der Rolle … Aber bei ihr … Aura ist anders. Anders im Sinne von gut. Oder gut im Sinne von anders … Ach fuck, weiß auch nicht!«

»Hey! Bleib easy, das wird schon!«, antwortete ich so euphorisch wie um acht Uhr morgens nur möglich. Leider sah mein pessimistisches Hirn gleich zwei Probleme, die einem Happy End diametral entgegen standen.

Das größere Problem war, dass Ausra nicht so recht auf Kevin stand – mild gesagt. Warum, war nicht wirklich klar. Womöglich sickerte durch, dass Kevin ein Casanova erster Güte war. Doch dies konnte es eigentlich nicht sein, denn in diesem Fall würde sie ihr Desinteresse *absichtlich* bekunden. Von irgendeiner Absicht konnte bei Ausra jedoch nicht die Rede sein. Sie war Kevin gegenüber einfach gleichgültig. Vielleicht hing es auch mit dem zweiten Problem zusammen – Ausra konnte weder Russisch, noch Deutsch. Und Kevins Englisch lässt sich am besten mit dem Spruch verdeutlichen, mit dem er zwei Mädels ›a nice time‹ wünschen wollte: »Have a lot of time!«

Kevin lehnte sich mit den Ellbogen aufs Fensterbrett und schaute hinaus auf die Straße, die noch auf den ersten Passanten wartete. Er schien meine Gedanken erraten zu haben:

»Und dann kann sie ja nur Englisch …«

»Halb so wild … Siebzig Prozent der Kommunikation sind sowieso Körpersprache … Ruf sie einfach an, trefft euch und alles läuft von alleine …« lautete mein mehr als genialer Ratschlag.

Nach mehreren halb aufgerauchten Zigaretten schritt Kevin zur Tat. Erst als ich hörte, wie sich seine Stimme veränderte, während er mit Ausra telefonierte, fing ich an, dem Ganzen wirklich glauben zu schenken. So hilflos kannte ich Kevin einfach nicht. Und als wäre dies nicht schon schlimm genug, musste Ausra auch noch für ein paar Tage wegfahren. Zumindest blieb der Super-GAU aus: Sie willigte einem Treffen ein.

Drei Tage später klingelte mein Handy. Wenn auf dem Display nicht Kevins Name erschienen wäre, hätte das Telefon noch stundenlang klingeln können. Ich hatte soeben in unseren Gemächern eine Schallplatte mit alten russischen Liedern entdeckt und fühlte mich nach den ersten Klängen umgehend in die Kindheit versetzt. Euphorie besetzte meinen Körper, es fühlte sich an, als hätte ich in Russland abgefüllte Pepsi-Cola getrunken, mein Herz schlug schneller, kurzum man hätte mich in Stücke schneiden können und ich hätte es nicht gemerkt.

»Hey, Kev, was geht? Bist noch mit Ausra unterwegs?« - mir fiel ein, dass er heute sein langersehntes Date hatte.

»Nein … Hab sie grad nach Hause begleitet. Sie ist jetzt weg …«

In diesem Moment hörte ich am anderen Ende der Leitung einen dumpfen Schlag - so als hätte jemand irgendwo gegen gehauen.

»Alles klar bei dir?! Kev, Alter, was ist los?« Das Date schien nicht besonders gut gelaufen zu sein.

»Ich weiß nicht, ich glaub mein Leben geht den Bach runter …«

»Hey … Bist im *Bruisly*?«

»Ja.«

»Okay, bin gleich da! Mach keinen Scheiß!«

Eine Viertelstunde später traf ich vor der angesagten Bar im Zentrum von Vilnius das Häufchen Elend, das sich normalerweise nicht vor körperlichen Auseinandersetzungen mit Polizisten scheute und die eingebildetsten Püppchen wie seine kleine, nicht vorhandene Schwester behandelte.

Kevin stand mit gesenktem Kopf auf der Straße, sein Blick war leer, in seiner Hand glühte eine Zigarette, an der er seit geraumer Zeit nicht gezogen hatte.

»Yo, Kev!« ich gab ihm die Hand und drückte ihn an mich. Sein Körper war träge, die Augen wichen meinem Blick aus.

»Erzähl! Was ist passiert?«

»Nichts … Gar nichts.«

Na das kann ja was werden, dachte ich und öffnete meine Jacke einen Spalt breit. Zum Glück trat die erhoffte Wirkung ein. Ein Lächeln huschte über seine Lippen. Ich holte die Weinflasche aus der Jackentasche und hob sie in Siegerpose über meinen Kopf.

»Müssen reden. Wein ist Pflicht!«, zitierte ich Kevins sms, die er mir mal nach einem üblen Streit mit seiner Ex schickte.

Wir mussten beide lachen.

»Lass mal irgendwo hinpflanzen …« - Kevin schien endlich seinen Kokon aus Trauer und Selbstmitleid verlassen zu wollen.

Wie sich herausstellte, war die Geschichte ziemlich simpel. Nachdem Kevin Ausra sein Herz ausgeschüttet hatte, seine Gefühle ihr gegenüber freigelegt hatte, erwartete er alles - von Ablehnung bis hin zu Kindern, Hund und Haus am See. Nur nicht das, was dann wirklich kam.

»Oh … It's always nice to hear something like this …« war das Einzige, was Ausra dazu zu sagen hatte.

»Das war wie ein Dolch ins Herz ... Diese Gleichgültigkeit hat mich getötet«, sagte Kev und nahm einen Schluck aus der mittlerweile fast leeren Flasche. Dann riss er seine Augen auf, setzte ein teuflisches Grinsen auf und fügte hinzu:

»Aber heute werde ich wiedergeboren! Wir brauchen mehr Wein!«

Das Spirituosen-Angebot des Kiosks um die Ecke konnte sich sehen lassen. Wein war beschlossene Sache, Kevin verspürte jedoch plötzlich das Bedürfnis, zu rauchen.

»Eine Flasche Wein und eine Packung *Kent* bitte ...«

Die Verkäuferin, eine liebenswerte Oma mit Brille auf der Stirn, legte das Kreuzworträtsel beiseite und musterte uns kurz.

»Rauchen ist schlecht, solltest du nicht!«, sagte sie dann zu   Kevin.

»Sie haben ja sowas von Recht!«, gab dieser von sich, während die Überraschung in seinem Gesicht einem breiten Lächeln wich.

»Darauf müssen wir unbedingt einen trinken!«, fügte er schließlich hinzu. »Geben sie uns doch gleich zwei Flaschen Wein mit ...«

Leider war die Oma nicht fürsorglich genug, auch die Alkoholausgabe zu boykottieren. Und so kam es, dass wir uns um drei Uhr morgens vorm Präsidentenpalast wiederfanden. Kevin kletterte gerade grölend aufs Denkmal des vierten litauischen Präsidenten, während ich es für eine gute Idee hielt, von dieser Aktionskunst ein Foto zu machen. Nachdem Kevins Versuch, die glatte Säule aus schwarzem Marmor emporzuklettern, die die Büste des Generals trug, gescheitert war, entlud er seine Wut an den hübschen kleinen Büschen vor dem Verteidigungsministerium. Dann hob er in bester Hulk-Manier den kleinen grünen Holzzaun in die Höhe, der das Blümenbeet begrenzte und warf ihn schreiend zu Boden.

Ich erinnerte mich plötzlich, dass mir jemand von einem Italiener erzählt hatte, der an seinem ersten Tag in Vilnius sturzbesoffen die litauische Flagge vom Mast am Präsidentenpalast klauen wollte. Daraufhin wurde er umgehend des Landes verwiesen. Kevins Bemühungen liefen auf dasselbe hinaus. Wie um meinen Gedanken zu bestätigen, sprang er an einen Mast, an dem ein großes Stoppschild befestigt war, baumelte hin und her und brüllte »Stop, du Hure!« Dabei blickte er zu Ausras Haus, das nur wenige hundert Meter entfernt war.

»Mach dir keine Sorgen, Brüderchen, Zeit vergeht und *klar* wird alles …«, stimmte er einen russischen Rap-Song an, als seine wackligen Beine wieder auf festem Boden waren.

Wie alles werden würde, war jedoch alles andere als klar, denn auf einmal erreichte uns der unerfreuliche Klang von Polizeisirenen. Die folgenden Minuten versuchten wir, so gut wir konnten, Usain Bolt nachzumachen. *Kopfsteinpflaster, nächste rechts hoch, dann links, sofort rechts, Blick zurück - Kev noch da - Einfahrt, Hinterhof, Vorsicht offener Gulli, zweite Einfahrt, Park, küssendes Pärchen, wieder Kopfsteinpflaster, Endspurt, Schweißtropfen, scharf rechts, dunkle Einfahrt, außer Atem, Wohnungsschlüssel. Uff, nochmal Glück gehabt.*

Metroid trifft Fernsehturm

Am nächsten Tag lief uns im Supermarkt zufällig Ausra über den Weg. Zum Glück war Kevin zu Hause geblieben. Aufgeregt erzählte sie von irgendeiner Horde Hooligans, die in der Nacht den halben Block in Atem gehalten hätte. Ich musste aus vollem Halse lachen, entschied mich jedoch, Ausras Phantasiegebilde nicht zu zerstören.

Hoffentlich gab es keinen Bericht im Fernsehen, sinnierte ich auf dem Weg nach Hause. Mein Blick blieb ungewollt am Fernsehturm hängen, der aus dem Wald am Horizont wie ein Schwimmer aus dem Wasser ragte.

»Hey Jungs – was hält ihr von einem kleinen Abstecher zum Fernsehturm? Von da oben gibt's bestimmt ne Super-Aussicht …«

»Warum nicht … Aber Bungee springe ich nicht von da oben …«, antwortete Jamal.

»Gebongt. Packen nur noch Kevin ein und los gehts!«, sagte Kosta.

Unterwegs stoppten wir kurz an einer Bushaltestelle, um nach dem Weg zu fragen. Ein kauziger Typ trat an unser Seitenfenster und fragte, ob wir ihn mitnehmen könnten, da er »gleich dort« wohnen würde. Das Auto war bereits voll, was den Mann jedoch keinesfalls davon abhielt, sich irgendwie zwischen das Trio auf der Rückbank reinzuquetschen. Alle fanden die Aktion recht witzig. Bis auf Micha, auf dessen Schoß der Mann letztlich landete.

Der neue Mitfahrer erwies sich als keine große Hilfe: Die meiste Zeit schaute er schweigend aus dem Fenster, während wir darüber rätselten, welche Ausfahrt wir nehmen sollten. Als wir am wenigsten damit rechneten, grunzte er und deutete mit der Hand auf irgendetwas. Wir hielten an. Vom Fernsehturm war weit und breit nichts zu sehen. Der Mann stieg aus, grinste uns blöd an und schlenderte zu einem grauen Wohnblock aus Sowjetzeiten. Danke für die Taxifahrt sollte das wohl heißen.

Wir folgten der Hauptstraße und hielten am Rande eines Spielplatzes, um eine Frau mit Kinderwagen nach dem Weg zu fragen. Kevin drehte die Scheibe runter und rief auf Russisch »Entschuldige!« Die Frau drehte sich um und näherte sich dem Wagen, doch plötzlich gab Kosta aus irgendeinem Grund Gas. Kevin schrie unweigerlich »Bljatj!«, was im Russischen meistens im Sinne von ›verdammt‹ gebraucht wird, wortwörtlich übersetzt jedoch Hure bedeutet. Das Entsetzen auf dem Gesicht der Frau kann ich bis heute nicht vergessen.

»Da, ihr Blindfische!« Kosta deutete mit der Hand nach rechts. Direkt hinter einem Kiefernwäldchen tauchte der Fernsehturm auf.

Aus der Nähe betrachtet sah der Turm nicht sonderlich spektakulär aus: auf einen langen, grauen Betonschaft folgte in luftiger Höhe eine Unter- samt Tasse und schließlich eine rot-weiß gestreifte Antenne. Aber mit seinen 327 m war er verdammt hoch. Genauer gesagt sogar eins der höchsten Bauwerke Europas, was eine nicht allzu schlechte Aussicht versprach.

Wir parkten das Auto und folgten dem Zaun auf der Suche nach dem Eingang. Der Zaun schien nicht enden zu wollen. Kevins Lösung war simpel: Nach einem beherzten Sprung saß er bereits auf dem Zaun.

»Wir treffen uns am Eingang!«, dröhnte er als seine Füße auf verbotenem Territorium landeten. Der ultimative Draufgänger spürte, dass wir zu feige und faul für solche Kletteraktionen waren. Als wir schließlich fast eine komplette Runde um den Turm gedreht hatten, war der Eingang endlich gefunden. Davor lungerten unübersehbar schwere Jungs in Armee-Overalls. Ich fing schon an, zu überlegen, was man zu Kevins Verteidigung so sagen könnte, als dieser wie aus dem Nichts auftauchte.

»Wo wart ihr denn so lange?« - sein Grinsen sprengte das 16:9-Format. Dreist sein schien auch im Osten zu funktionieren.

Minuten später öffneten sich die Aufzugtüren und wir betraten die Aussichtsplattform. Als ich durch die dicke Glasscheibe nach unten blickte, überkam mich ein mulmiges Gefühl. Höhenangst war es nicht. Es waren die unzähligen Betonblocks, die dort unten im monotonen

Grau miteinander verschmolzen und mich binnen Sekunden in die graue Ostblock-Realität katapultierten.

Diese Reißbrett-Tristesse war das genaue Gegenteil von dem Vilnius, an das wir uns so sehr gewöhnt hatten. Hier gab es kein Kopfsteinpflaster und keine barocken Kirchen, keine neumodischen Cafés und kein Klicken von Fotoapparaten. Hier roch es nicht nach Espresso, hier roch es nach Ärger.

Das war das echte, das reale Vilnius. Hier *lebten* die Vilniuser, in der Innenstadt arbeiteten oder schauten sie sich die vollen Vitrinen an. Wir dagegen hausten in einem Haus, das offiziell zum Weltkulturerbe zählte und glaubten, nach ein paar abgelaufenen Gassen, ganz Vilnius zu kennen. Nicht, dass es in Deutschland keine Plattenbauten gäbe. Nur verfügt es im Gegensatz zu Litauen über ein halbwegs funktionierendes Sozialsystem, das den schwächer Gestellten unter die Arme greift.

Bei vierzig angekommen hörte ich auf, die grauen Blockbauten zu zählen und schlenderte etwas benommen zur anderen Seite der Plattform. Doch dann fiel mir ein, wie viel Leben hinter diesen Betonfassaden steckte; dass die meisten mit Hoffnung nach vorne, statt geduckt nach hinten blickten …

Auf der anderen Seite dominierte ein beruhigendes Dunkelgrün; zu Fuße des Fernsehturms schlängelte sich die Neris um einen kilometerbreiten Park, dem *Vingis Park* – Vilnius' größtem Park. Weiter im Osten erkannte ich an den orangefarbenen Dächern und vereinzelten Kirchtürmen die Altstadt. Diese Aussicht gefiel allen auf Anhieb. Wir nahmen Platz und bestellten Kaffee.

»Das, das und das!«, erklärte Kevin dem Kellner seine Bestellung indem er den Zeigerfinger tief in die Speisekarte drückte.

»Ist das *das*?«, deutete er mit dem Zeigerfinger erst auf das Foto eines Kuchens und dann auf einen Namen in der Speisekarte. Der Kellner nickte, fragte nach, ob wir noch etwas wollten, was wir verneinten und eilte schließlich Richtung Küche. Dann fiel Kevin ein, dass er noch etwas vergessen hatte. »Und Metroid!« brüllte er dem Garçon hinterher.

»Was *habt* ihr denn? Das ist ein Dessert!«, gab er auf unsere ungläubigen Gesichter zur Antwort. Aus Neugier, was für ein Dessert wie ein Videospiel von Nintendo hieß, blickte ich in die Karte - und konnte mich vor Lachen kaum halten. Der grüne Pudding mit Nüssen hieß ›Meteorit‹.

Großes Kino

Am Abend wollten wir Vilnius-Neuling Micha unbedingt die rustikale Russendisko Namens *Trassa* zeigen, die wir beim ersten Litauen-Trip zufällig entdeckt hatten. Obwohl Trassa auf dem Gedimino-Prospekt, Vilnius' Hauptboulevard, lag, schien den Schuppen bis auf den ein oder anderen Taxifahrer nahezu niemand zu kennen. Was ihm in unseren Augen unmittelbar eine Geheimtip-Atmosphäre verlieh. Hier sollte Micha mal sehen, wie man ordentlich feiert …

Leider hatten wir dieses Mal einen schlechten Tag erwischt – trotz fortgeschrittener Zeit war in der Party-Hochburg nur wenig los. Wir entschieden uns trotzdem, das Tanzbein zu schwingen. Micha, der auch sonst nicht gerade den Ruf eines Partylöwen inne hat, nahm erstmal in einer Chill-Out-Ecke Platz. Natürlich rein zufällig neben einem recht hübschen Mädel. Sie saßen eine Weile schweigend nebeneinander, bis Micha beschloß, in den Comedy-Olymp aufzusteigen:

»Hey, ich weiß, du willst, dass ich dich zum Tanzen einlade … Und ich würde auch gerne mit dir tanzen … Aber ich bin einfach zu müde. Sorry!«

Schach!

Die Reaktion des Mädchens konnte sich sehen lassen. Sie stand auf - ohne auch nur ein Wort zu sagen oder die gleichgültige Miene zu verziehen - und suchte das Weite.

Und Matt!

Wenig später lernten wir zwei nette Mädels kennen – eine schlagfertige kleine Brünette Namens Renata, und Evelina, ein zierliches, stilvoll gekleidetes Mädel mit leicht rötlichem Haar und einem schüchternen Lächeln. Die beiden stellten sich als äußerst gesellig heraus und schlugen vor, im Anschluss an die energieraubende Disko-Action alle zusammen etwas Essen zu gehen. Wir waren nicht abgeneigt, wussten allerdings nicht recht, was um vier Uhr morgens noch aufhaben könnte.

Als gute Gastgeberinnen hatten die Mädels eine Idee, die bei den hungrigen Touristen schnell auf offene Ohren stieß. Am anderen Ufer der Neris sollte noch eine Kneipe aufhaben, in der es frittierte, mit Hackfleisch gefüllte Teigtaschen, kurz *Chebureki* gäbe. Das hörte sich nicht schlecht an. Wir holten unsere Jacken und begaben uns nach draußen.

Vorm Club standen zwei Taxis. Jamal, Kosta und die Mädels nahmen im ersten Platz, Micha und ich eilten zum anderen. Allerdings gab es ein Problem: Der Taxifahrer schwatzte grad mit einem übel aussehenden, halbtrunkenen Kerl, der allem Anschein nach nicht mal selbst wusste, wohin er wollte. Als wir dem Taxifahrer unser Reiseziel mitteilten, wurde der Trunkenbold hellhörig.

»Ah, das ist gut! Da komme ich mit ...«, teilte er uns in einem ruhigen, aber bestimmten Ton mit. Wir hatten keinen Bock auf Ärger und nahmen den beschwipsen Passagier mit. *Wir mussten ja nicht zusammen einen Tisch teilen ...*

Unser Gefährt setzte sich in Bewegung, Sekunden später folgte das andere Taxi. An der nächsten Kreuzung bogen wir rechts ab. Ich blickte nach hinten und sah etwas, dass mir so gar nicht gefiel.

Das andere Taxi fuhr in die entgegengesetzte Richtung. »Fuck! Was wird das denn?«, rutschte mir über die Lippen.

Ich überlegte kurz, was wir nun machen sollten. Wir hatten beide unsere Handys zu Hause gelassen. Es blieb nichts anderes, als zum vereinbarten Treffpunkt zu fahren. Der Taxifahrer beteuerte, unsere Route wäre die richtige. Er schwindelte nicht. Ich wusste annähernd, wo die besagte Kneipe lag. Nach einer Weile meldete sich unser Mitfahrer zu Wort.

»Jungs, ich muss morgen in den Knast ...«
Bei diesem Zeitgenossen konnte ich mir so einiges vorstellen, aber dieser Kommentar war doch etwas krass und direkt.

»Lasst uns heute einen draufmachen.« Seine metallische, befremdlich ruhige Stimme glitt wie ein Messer unter meine Haut. Während er sprach schaute er aus dem Seitenfenster – als würde er mit sich selbst reden. Dann blickte er einen wieder mit seinen ausdruckslosen, glasigen Augen an. Und schwieg.

Micha und ich versuchten uns möglichst diplomatisch aus der Affäre zu ziehen.

»Also wir wollten mit unseren Freunden etwas essen ... Die kommen gleich ...«, begann Micha leise.

»Das ist gut! Ich hab da ein kleines Häuschen am Rande der Stadt, mit Sauna und allem Drum und Dran ... Da können wir auch grillen.« Seine Entscheidung schien gefallen. Unsere auch. Wir wollten so schnell wie möglich weg von diesem Psychopathen.

Als das Taxi vor dem Chebureki-Laden stoppte, hielt ich voller Hoffnung Ausschau nach den anderen. Doch das Taxi mit unseren Freunden war nirgends zu sehen. Micha, der vorne saß, drückte dem Fahrer einen Geldschein in die Hand und sprang aus dem Auto. Unser Begleiter regierte schnell und stieg ebenfalls aus. Das Taxi fuhr davon. Es war mitten in der Nacht. Um uns herum gab es keine Menschenseele. Die einzige Zuflucht war der Chebureki-Laden. Blöderweise hatte es auch der Hannibal-Lecter-Verschnitt auf den Laden abgesehen. Ich schluckte und schielte zur Seite. Irgendetwas musste passieren …

Ich spulte im Kopf bereits das Horrorszenario ab, das vorsah, mit dem Serienkiller einen auf Brüderschaft zu trinken, um dann Wochen später ohne Kopf in irgendeinem Wald aufgefunden zu werden, als sich plötzlich und unerwartet Licht am Ende des Tunnels zeigte.

Das gelbliche Licht stammte von den Scheinwerfern eines Taxis, das um die Ecke gefahren kam. Es stoppte vor uns und ich sah hinter der Seitenscheibe die grinsenden Gesichter unserer Freunde. Unglaubliche Erleichterung machte sich in meinem Körper breit.

Jamal, Kosta und die Mädels stiegen aus, doch bevor ich fragen konnte, wo zum Teufel sie gesteckt hatten, gaben uns die Mädels plötzlich zu verstehen, dass wir wieder einsteigen sollten. Und zwar schleunigst. Wir quetschten uns irgendwie zu sechst ins Taxi und konnten den Fahrer überreden, uns zur nächsten Tankstelle zu fahren. Der unheimliche Freund blieb zurück auf dem leeren Parkplatz zurück.

Unterwegs erfuhren wir, was die Mädels so abgeschreckt hatte. Im Club wurden sie von unserem Beifahrer mit dem Psychoblick belästigt und wollten um nichts in der Welt wieder in seine Nähe kommen. Micha und ich konnten dies vollends nachvollziehen. Jamal und Kosta fanden es eher witzig. Während wir zur russischen Popmusik durch die menschenleeren Straßen von Vilnius rasten, erklärten uns die Jungs, warum sie zu spät kamen. Irgendeiner hatte die Idee, einen kleinen Abstecher zum 24-Stunden-Supermarkt zu machen, um dort ein paar Snacks zu holen.

Es schien sich um unsichtbare Snacks zu handeln, denn ich konnte im ganzen Auto nichts Essbares ausmachen.

Die Tankstelle, an der uns der Taxifahrer auslud, sah wenig einladend aus. Die Außenbeleuchtung funktionierte nicht, im Asphalt klafften melonengroße Schlaglöcher. Allerdings gab es eine kleine, menschenleere, aber furchtbar durchrauchte Veranda mit Tischen und Stühlen, wo wir umgehend Platz nahmen. Aus kleinen Lautsprechern an den Wänden tönte leise russische Rockmusik.

Im Gegensatz zu Renata und Evelina, die keinerlei Anzeichen von Müdigkeit zeigten, merkte ich, wie mein leerer Akku die Augenlider zielsicher nach unten zog. Ich wähnte mich schon im Sekundenschlaf, als plötzlich eine laute, lallende Stimme erschallte.

Ich riss die Augen auf. Vor unserem Tisch neigte sich ein sturzbesoffener Zeitgenosse mittleren Alters. Seinem Äußeren nach, wie auch dem Mief, der ihn wie eine Wolke umgab, schien er kürzlich in ein Fuselfass gefallen zu sein.

»Na, Jungs … Soll ich euch mal was vorsingen?!«, dröhnte er in die Runde. Es war eine rhetorische Frage, denn wir hatten sowieso keine Wahl.

»Was wollt ihr hören?«, schob er hinterher. Ich dachte augenblicklich an den Frontmann meiner Lieblings Soviet-Rockband *Kino*: »Viktor Tsoi!«.

Damit hatte der Hobby-Sänger nicht gerechnet. Er schaute mich mit großen Augen an.

»Du kennst Tsoi?« Ich nickte. Dann nahm er sich jeden in der Runde vor: »Und du, und du, und du?«

Seine Stimme änderte sich, er klang nun etwas nüchterner.

»Und welches Lied wollt ihr hören?«

Ich nannte ein eher unbekanntes Lied und freute mich schon auf die Interpretation unseres neuen Bekannten, als er ein ganz anderes Lied anstimmte: »Wir haben die Nacht gesehen, wir haben die ganze Nacht durchgemaaacht!«.

Als er nach einigen Strophen verstummte, applaudierten alle emphatisch mit der Hoffnung, der Karaokemeister würde uns mit weiteren Meisterwerken der Gesangskunst verschonen. Aber sein Auftritt war noch nicht vorbei. Es folgte ein überaus bekanntes Lied derselben Gruppe:

»Achtklässlerin, oh, Achtklässlerin! Du sagst, du hast ne vier in Erdkunde, und mir ist es einfach scheißegal … Du sagst, du bist Schuld, dass er ein blaues Auge hat, ich schweige bedeutungsvoll und weiter gehen wir spazieren …«

Dieses Lied kannten auch die Mädels und sangen an einigen Stellen mit. Danach hatte der Live-Sänger genug und schlenderte gut gelaunt Richtung Ausgang. Zwanzig Minuten später taten wir dasselbe, denn es dämmerte bereits.

Draußen war es recht kühl. Die Mädels schlugen vor, mit dem Trolleybus nach Hause zu fahren, was wir ohne großes Überlegen begrüßten. An der Haltestelle warteten einige verschlafene Gestalten auf den Bus, der sie zur Arbeit bringen würde. Ich schaute auf meine Uhr: 7:14. Das Schlafen konnten wir gleich sein lassen. Während Renata und Evelina an einem Kiosk Fahrkarten kauften, fragte ich mich, warum wir bisher kein einziges Mal mit einem Trolleybus gefahren waren. Schließlich waren wir bereits zum dritten Mal in Litauen. Als endlich der richtige Trolleybus vor uns hielt, schaute ich kurz zu Jamal rüber. Seine Augen leuchteten gespannt. Er war zuvor noch nie mit einem Trolleybus gefahren.

Die Türen öffneten sich mit einem lauten Zischen und trocken-warme Luft streichelte unsere Gesichter. Es konnte losgehen.

Ein Trolleybus ist im Grunde nichts Spektakuläres. Er sieht aus wie ein normaler Bus, hat jedoch auf dem Dach zwei Stromabnehmerstangen, die eine Verbindung zur Oberleitung herstellen und den Bus, genauer gesagt den Elektromotor mit Strom versorgen. Damit kann solch ein

O-Bus nur auf vorgegebenen Pfaden verkehren. Ab und zu kommt es vor, dass die Stromabnehmer aus den Oberleitungen fallen. Daraufhin steigt der Fahrer oder wie in Litauen nicht allzu selten die Fahrerin mit einem gelassenen Gesichtsausdruck aus und fädelt die Stromabnehmer mit den am Heck des Busses angebrachten Fangseilen wieder in die Leitung. Leider war es Jamal nicht vergönnt, eine derartige Attraktion zu erleben. Stattdessen wartete eine andere Überraschung auf uns.

Nachdem wir uns nach einigen Haltestellen von den Mädels verabschiedet hatten, ging die Reise weiter, denn bis ins Zentrum war es noch ein Stück.

Minuten später tauchten wie aus dem Nichts Kontrolleure auf. Blöderweise hatten die Mädels vorm Aussteigen vergessen, die extra für uns gekauften Tickets dazulassen …

Micha, den sich die Kontrolleure als erstes vorknüpften, versuchte das Problem auf seine Weise zu lösen. Zunächst ignorierte er die Kontrolle, um dann so zu tun, als würde er weder Litauisch, noch Russisch zu können. Das konnte nicht gut gehen. Ich klärte die Kontrolleure über die Situation auf, was uns jedoch nicht vor der Strafe rettete.

»Das sind dann 20 Lita«, erklärte uns die Kontrolleurin in einem freundlichen Ton. Ich blickte in die gelassenen Gesichter meiner Freude. Umgerechnet waren dies weniger als sechs Euro.

»Für alle?«, fragte Kosta belustigt.

»Für jeden!«, gurrte die Kontrolleurin mit einem strengen Blick zurück. Freundlicherweise ließen uns die Kontrolleure bis zu unserer Haltestelle weiterfahren. Unterwegs klärten wir sie darüber auf, dass Schwarzfahren in Deutschland mehr als das Sechsfache kostet. An der Endhaltestelle drückten sie jedem von uns eine Quittung in die Hand. Mit diesem Souvenir begaben wir uns müde, aber zufrieden Richtung Zuhause.

Victoria

Am Abend zog es uns wieder in einen der zahlreichen Clubs von Vilnius. Das Bemerkenswerte am Nachtleben dieser 550.000-Seelen-Metropole ist, dass die meisten Clubs direkt im Zentrum liegen und es keine Großraumdiskos[5] gibt, in denen man in der Menschenmenge untergeht.

Unser Abend in einem kleinen, aber gemütlichen Club neigte sich langsam, aber sicher dem Ende zu, als ich plötzlich ein Mädel bemerkte, das mich anlächelte. Sie hatte schulterlanges schwarzes Haar, blaue Augen und endlos lange Beine. Leider saß sie mitten in einer Gruppe von Mädels, die allem Anschein nach einen Junggesellinnenabschied feierten. Kurzum, ich war zu feige, sie anzusprechen und Minuten später war die Gruppe verschwunden.

Auf dem Weg nach Hause torkelten Kevin und Kosta Arm in Arm und sangen ›In the streeets of Vilnius‹. Plötzlich bog unsere Vermieterin um die Ecke. Ich erinnerte mich unweigerlich an ihr langes Gesichts, als wir ihr die Wohnung am Ende des Winteraufenthalts übergaben … Als sie Kevin und Kosta sah, wechselte sie die Straßenseite und beschleunigte ihren Gang.

Zwei Tage später waren wir wieder im selben Club. Ich hüpfte auf der Tanzfläche auf und ab, als ich plötzlich aus dem Augenwinkel ein bekanntes Lächeln sah. Es war das Mädel, das ich hier vor 48 Stunden unbedingt ansprechen wollte.

Sie tanzte in meiner Nähe und schielte hin und wieder lächelnd zu mir rüber. Ich versuchte den Gedanken zu verscheuchen, dass sie eine durchtriebene Partymaus sein könnte, die jeden zweiten Abend in der Disko verbrachte.

---

[5] Die Großraumdisko *Pacha* hielt sich weniger als zwei Jahre.

Es klappte, als ich realisierte, dass sie vermutlich dasselbe von mir dachte.

Diesmal hatte ich genug Mumm und streckte ihr meine Hand entgegen. Sie strahlte mich an und legte ihre in meine. Wir tanzten eine ganze Weile, wobei sie ein ums andere Mal die Arme um meinen Hals legte und mich wie ein kleines Kind anlächelte. Ich spürte zwar, dass wir auf einer Wellenlänge waren. Aber dass mir jemand so offen seine Sympathie bekundete, haute mich fast um. Ihre Art war derart entwaffnend, dass sie wohl den introvertiertesten Skeptiker für sich gewinnen konnte. Also mich.

Minuten vergingen und es kam mir vor, als würden wir uns schon ewig kennen. Als wir schließlich in einer ruhigen Ecke Platz nahmen, lernte ich Victoria etwas näher kennen.

Sie war Litauerin, sprach jedoch russisch, was keine Selbstverständlichkeit für junge Leute in Litauen ist. Ab und zu fiel ihr ein russisches Wort nicht ein, worüber sie sich wie ein kleines Kind ärgerte. Ich fand es süß. Irgendwann hauten die Jungs in einen anderen Club ab. Und auch Victorias Freundinnen merkten, dass wir nur noch Augen für einander hatten und ließen uns allein.

Um fünf Uhr morgens saßen wir immer noch in einer gemütlichen Ecke des Clubs. Ich fühlte mich unglaublich wohl mit ihr und tat das, was mir mein Herz sagte. Ich versuchte, sie zu küssen. Doch sie wandte sich ab.

Ich war enttäuscht. »Ich bin nicht so eine …«, sagte sie und schaute mich betrübt an. Dann leuchtete mir ein, dass es so besser war. Sie hatte Klasse. Oder wollte, dass ich es dachte.

Wir verließen den Club und ich stellte mich schon darauf ein, Lebewohl zu sagen, als ich bemerkte, dass sie keinerlei Anstalten machte, sich zu verabschieden. Wir gingen zu ihrem Auto, und stiegen ein. Sie fuhr los, ohne zu erwähnen, wohin es gehen würde. Ich spürte ein leichtes Kribbeln auf der Haut. Ich war gespannt, was als Nächstes passieren würde.

Minuten später hielten wir an einer Tankstelle. Sie stieg aus und verschwand im Shop. Als sie wiederkam hielt sie zwei Hot Dogs in den Händen. Ich war baff. Als wir beide mit den Hot Dogs fertig waren steckte sie den Schlüssel in die Zündung. Minuten später stoppte ihr blauer Fiat vor unserer Haustür.

Die Straße war leer, sie gehörte uns allein. Sie stellte den Motor ab und blickte mich mit ihren großen, azurblauen Augen an. Und endlich wusste ich ohne langes Überlegen, was ich zu tun hatte.

Ich fasste sie an der Wange an und zog sie sanft zu mir bis sich unsere Lippen trafen. Diesmal erwiderte sie den Kuss. Ich schloss die Augen. Ein Kribbeln ging durch meinen ganzen Körper. In meinem Kopf zündete ein Feuerwerk. Als ich die Augen öffnete sah ich das Funkeln in ihren. Das war mehr als ich verlangen konnte. Und der perfekte Moment, um sich zu trennen. Zumindest für ein paar Stunden. Denn das nächste Treffen war schnell ausgemacht - zwölf Uhr mittags, noch am selben Tag ...

Als der Wecker mich um halb zwölf aus dem Schlaf riss, fühlte ich sofort, dass sich etwas in mir verändert hatte. Binnen einer Sekunde war ich hellwach. Und zur gleichen Zeit völlig entspannt. Die Farben um mich herum wirkten intensiver, Jamals Schnarchen lauter. Ich richtete mich im Bett auf; meine Füße berührten den Parkettboden, der normalerweise furchtbar kalt war. Aber diesmal spürte ich keine Kälte. Es hatte mich tatsächlich erwischt - ich hatte mich tierisch verknallt.

Aus unerklärlichen Gründen war Micha bereits auf den Beinen. Er saß nur mit einer Boxershorts bekleidet am Küchentisch und trank Tee.

»Sag mal, wie stellst du dir das eigentlich vor mit euch beiden?«, sagte er nachdem ich ihm die Erlebnisse des Vorabends geschildert hatte. Damit deutete er an, dass wir in wenigen Tagen abreisen mussten. Ich hatte keine Antwort auf seine Frage. Nur eins war für mich klar: »Ich will jetzt einfach so viel Zeit wie möglich mit ihr verbringen.«

Den 15-minütigen Weg zum Treffpunkt, der Kathedrale im Herzen von Vilnius, ging ich zu Fuß. In den engen Gassen der Altstadt herrschte an diesem Sonntagvormittag eine ungewöhnliche Stille.

Die Stadt schien noch zu schlafen. Noch hörte man kein Klackern von Absätzen auf dem glatten Kopfsteinpflaster, keine Teenager und keine aufgeregten Touristen. Dafür war ich aufgeregt wie ein Teenager vor dem ersten Date.

Dann sah ich sie. Sie stand direkt vor dem Glockenturm auf dem Vorplatz der Kathedrale. Als sie mich sah, lächelte sie geheimnisvoll. Ich wollte sie küssen, doch vor lauter Anspannung tat ich es nicht. Auch sie schien auf einmal seltsam reserviert.

Wir gingen durch einen kleinen Park und unterhielten uns. Ich spürte, wie sich die Anspannung langsam löste. Ich schlug vor, zu den *Drei Kreuzen* zu gehen …

Jedesmal, wenn die Sonne schien, leuchteten auf dem grünen Nachbarhügel des Gediminasberges drei große weiße Kreuze auf.

Wie ich später erfuhr, handelte es sich dabei um ein Denkmal an die im 17. Jahrhundert an dieser Stelle von Heiden ermordeten Franziskaner.

Oben bietet sich einem ein fantastischer Blick auf die Stadt mit ihren zahllosen Kirchtürmen, die gen Himmel streben. Aber in jenem Moment hatte ich keine Augen für Kirchen. Ich blickte Victoria tief in die Augen und küsste sie. Ich hatte meine Religion gefunden.

Es waren ganz simple Dinge, die ich in den wenigen Tagen, die wir zusammen verbrachten, von ihr lernte. Und doch waren es Eigenschaften, mit denen ich einfach nicht ausgestattet war. Weder besaß ich den grenzenlosen Optimismus, der sie so auszeichnete, noch das unerschütterliche Vertrauen in die eigenen Gefühle. Und schon gar nicht war ich unbekümmert genug, in Einbahnstraßen gegen die Fahrtrichtung zu düsen, um den Weg abzukürzen oder auf der Autobahn bei 70 km/h eine 180-Grad-Drehung zu vollführen, um wieder auf den richtigen Weg zu kommen. Aber am meisten mochte ich ihre Fähigkeit, Emotionen unmittelbar wahrnehmen zu können. Sie achtete stets darauf, was ihr Körper ihr mitzuteilen versuchte. Und handelte entsprechend. Was manche als Gefühlsmensch bezeichnen, ist für mich ein ›Mensch mit Gefühlen‹. Sie war sehr spontan und sehr emotional – kurzum das genaue Gegenteil von meiner Ex.

Am Abend vor unserer Abreise standen Victoria und ich allein auf dem kleinen Balkon unserer Mietwohnung und blickten schweigend in die warme Sommernacht, die langsam über Vilnius hereinbrach. Nach einem Windhauch fielen Blätter wie in Zeitlupe von den Bäumen auf der menschenleeren Straße unter uns. Über uns erstreckte sich ein endloses schwarzes Gemälde voller glitzernder Diamanten. Ein leichter Ruck ging durch meinen Körper. An meinem Unterarm richteten sich vor Gänsehaut die Haare auf. Ich spürte, dass ich ewig so dastehen konnte, dass die Zeit in diesem Moment still stand.

»Warum seid ihr eigentlich ausgerechnet hierhin gekommen?«

»Uff, ich weiß gar nicht, wo ich anfangen soll … Vilnius ist einfach genial. Hier ist immer etwas los, es sind immer Jugendliche auf den Straßen unterwegs, an jedem Wochentag … Bei uns, in Deutschland, ist während der Woche, nach sieben abends kaum noch jemand auf der Straße! Und tagsüber sieht man mehr Rentner, als junge Leute. Außerdem sind die Jugendlichen hier nicht so asi. Wenn du bei uns in die Bahn einsteigst, triffst du mit Sicherheit auf einen, der Kopfhörer auf hat und die Musik so laut hört, dass man sich fragt, ob er neben einem Lautsprecher aufgewachsen ist …«

»Das haben wir auch …«

»Kann schon sein. Aber das ist hier eher die Ausnahme. Bei uns ist das Alltag … Außerdem hatten wir hier, in Litauen, kein einziges Mal Streß in der Disko. Bei uns daheim kloppt sich der Kevin jede zweite Woche … Na ja, ist aber nicht soso wichtig. Wichtiger ist, dass es hier aussieht wie in Italien! Also, in der Altstadt zumindest … Und man braucht nur 10 Minuten bis zum nächsten See …«

»Ihr habt doch auch Seen …?«

»Klar, aber die sind meist überfüllt und überall stehen Schilder, die alles verbieten … Zum Beispiel das Aufstellen von Schildern… Dann ist das Essen hier echt Hammer, allein diese Pilzsuppe im Brotleib … Uhmm«

»Oh ja, die mag ich auch …«

»Dann sind die Menschen hier richtig gastfreundlich …«

»Das sagt doch jeder, der irgendwohin kommt, wo er noch nicht war …«

»Hmm … Vielleicht. Wie soll ich dir das erklären … Schau mal, gestern hab ich einen älteren Mann an einer Haltestelle nach dem Weg gefragt. Er hat mir geraten, den Bus zu nehmen. Dann saß ich drin und 15 Minuten später, kurz vor der Haltestelle, an der ich aussteigen musste, kam er nochmal zu mir und hat mir Bescheid gesagt.«

»Das hab ich aber auch schon mal erlebt.«

»Siehst du!«

»Nein, ich sag ja, das hat jeder schon mal erlebt …«

»Na ja. Irgendwie habe ich es *hier* mehr erlebt, als woanders. Da fällt mir noch ein anderer Fall ein. Selbe Situation: Ich frage ein Rentner-Ehepaar an einer Haltestelle nach dem Weg und die benehmen sich, als wäre ich ihr Enkel, vergessen alles um sich herum und warten, bis ich in den richtigen Bus eingestiegen bin … In

Deutschland ist man da doch eher abgeklärt. Kevin hat mal am Bahnhof Borat parodiert und sagte »my mother – she never loved me. Please give me a hug!« Und wollte einen Mann umarmen. Der wollte ihm vor Schreck zwei Euro geben, damit er ihn nicht anfasst …«

»Hahaha! Das hätte ich gerne gesehen.«

»Aber zurück zu Vilnius … Ein anderes Beispiel: Ich frage zwei ältere Frauen nach dem Weg und eine von ihnen sagt, ich hätte einen interessanten Akzent. Ich sage, ich komme aus Deutschland, wäre aber in St. Petersburg geboren. Und sie sagt, sie auch. Und dann quatschen wir noch zehn Minuten oder so … Und die andere Frau sagt die ganze Zeit, lass den jungen Mann doch, das interessiert ihn nicht, er hat doch keine Zeit.«

Dann holte mich der Gedanke an die Abreise von Wolke sieben wieder runter auf den harten Balkonboden. Wir mussten unbedingt die restlichen Stunden nutzen, um uns näher kennenzulernen …

Frühmorgens wurden wir durch lauten Krach geweckt. Die Jungs trudelten nach ihrem nächtlichen Ausflug wieder ein. Und sie hatten Hunger. Was an sich nicht schlimm war. Schlimm war nur, dass sich die Küche im Wohnzimmer befand, in dem Victoria und ich es uns auf dem Klappsofa gemütlich gemacht hatten.

Es wurde schweres Geschütz aufgefahren, um uns ja nicht zum Schlaf kommen zu lassen. Eine halbe Stunde lang beschallte man uns mit einem progressiven Mix aus Kochtopf- und Bratpfannen-Bongo, gewürzt mit Schmatzgeräuschen erster Sahne und ansteckenden Lachkicks.

»Und? Wonach schmeckt dir die Sauce?«, interviewte Chefkoch-Kevin Micha, der sich gerade den Mund abwischte.

»Stellen Sie sich vor …«, fing dieser an. »Sie kommen auf eine Insel. Auf dieser Insel leben nur Kannibalen. Und jeden Sonntag opfern die Kannibalen eine Jungfrau auf einem riesigen Tisch … Nachdem die Jungfrau geopfert wurde, liegt die Leiche zehn Tage auf dem Tisch. Danach kommen Geier. Und fangen an, an der Leiche zu knabbern. Und das, was die Geier dann rausscheißen – danach schmeckt das!«

»Da hab ich eine leichte antiweibliche Stimmung vernommen … Micha, hast du etwa was gegen litauische Frauen? Gefallen Sie dir nicht?«, hackte Kevin nach.

»Doch, sehr! Zum Frühstück vor allem. Zum Mittagessen eher polnische Frauen. Und zum Abendessen …« – Micha zog das A genüsslich in die Länge - »da stehe ich auf Italienerinnen!«

Diesen Monolog konnte Jamal einfach nicht unkommentiert lassen: »Junge, Junge … Scheiße am laufenden Band!«

Doch schon wenige Stunden später war es vorbei mit dem Lachen. Victoria musste zur Arbeit und wir mussten uns wieder Richtung Deutschland aufmachen. So süß die letzten Tage auch waren, die Bitterkeit dieses Morgens stellte alles in den Schatten.

Ich küsste sie ein letztes Mal. Dann stieg sie in ihr Auto und fuhr los. Ich setzte mich auf den Rand des Bürgersteigs und schaute ihr hinterher, bis das Auto sich in einen kleinen Punkt am Horizont verwandelte und schließlich ganz verschwand. Benommen blieb ich sitzen. In meinem Hals bildete sich ein Kloß, der das Schlucken schwer machte. Ich fühlte mich hundeelend.

Als ich in die Wohnung zurückkehrte, sah sie noch unaufgeräumter aus als zuvor. Das Potpourri aus zerknüllten T-Shirts, Plastiktüten, Socken, Wein- und Bierflaschen konnte jede Männer-WG mit Ambitionen auf den Titel ›Dreckigste Quadratmeter des Landes‹ in den Schatten stellen.

Einzig Micha packte pflichtbewusst seine Sachen. Nur mit einer Khakihose bekleidet saß Kevin derweil am Küchenfenster und rauchte genüsslich. Sein Blick hatte etwas Melancholisch-Erhabenes an sich, verdüsterte sich dann jedoch wieder. Er schien in Gedanken gerade irgendeinen bombensicheren Plan durchzuspielen, der sich letzten Endes als doch nicht so bombensicher herausstellte.

»Hey! Wo sind Jam und Kosta?«, durchbrach meine Stimme die Stille des Raumes.

»Sind einkaufen …«, gab Kev müde zur Antwort.

»Wie wärs mit Sachen packen?! Der Vermieter muss jede Sekunde hier sein!«

»Geht nicht … Hab ja keine Tasche … Und bei denen ist schon alles voll.« Kev schwenkte den Kopf kurz Richtung Micha.

Ich hatte ganz vergessen, dass im Laufe unseres Aufenthaltes einige Sachen aus der Wohnung verschwunden waren. Dazu gehörte Kevins leere Sporttasche, seine alten Turnschuhe, eine Baseballkappe und mein Kulturbeutel. Unsere Brieftaschen und Handys wurden aus einem unerklärlichen Grund verschont.

Als Jamal und Kosta endlich vom Supermarkt zurückkamen, verstauten wir Kevins Klamotten in die mitgebrachten Einkaufstüten. Wir wollten gerade eine Verschnaufpause einlegen, da klingelte es an der Tür. Es war der Vermieter.

Vor lautem Schreck rutschte Micha, der noch kurz duschen wollte, in der Badewanne aus. Im Flug packte er sich automatisch an die Kronjuwelen. ›Safety first‹ hieß die Devise.

Wir packten hastig unsere Sachen und kullerten die marode Treppe hinunter. Nicht weil wir es so eilig hatten, wegzufahren. Wir wollten den Vermieter schlicht ungern über den zu Bruch gegangenen Wohnzimmertisch aufklären. Das Malheur passierte, als Micha seine überschüssige Energie mit einem Faustschlag auf dem kleinen Holztisch entladen wollte. Dabei hatte er übersehen, dass unter der Tischdecke eine Glasplatte auf seine Faust wartete. Glücklicherweise ging dabei nicht Michas Hand, sondern die Platte in die Brüche. Michas Ad-hoc-Reaktion brachte alle zum Lachen: Gekonnt fegte er die Glasscherben mit dem Fuß unters Sofa und schon hieß es ›Tischlein deck dich‹ Damit war die Sache erledigt.

Im Treppenhaus trafen wir auf den leicht verdutzten Vermieter, erklärten kurzerhand, wir wären spät dran und drücken ihm die Wohnungsschlüssel in die Hand. Bezahlt hatten wir bereits.

Kaum hatten wir zwei Wohnblocks hinter uns gebracht, stellte sich heraus, dass Micha und Kosta ihre Tüten mit Shorts, Socken und sonstigen Klamotten in der Wohnung vergessen hatten. Zurückfahren wollte aber keiner.

Zwei weitere Blocks später fiel Kosta auf, dass er auch noch seine Anzüge in der Wohnung vergessen hatte.

Allerdings war Kosta aus einem simplen Grund nur zu beneiden: Vor unser Reise hatte er sich kurzerhand ein dreimonatiges Praktikum in einer Immobilienagentur in Vilnius organisiert, das direkt im Anschluss an unseren Aufenthalt anfing. Er konnte sich freuen, wir dagegen sahen unserem Flug in wenigen Stunden mit Wehmut entgegen. Glücklicherweise lenkte der Hunger einen von diesen subversiven Gedanken ab.

Ein paar Minuten später saßen Kevin und ich im Cili Pica. Die Jungs waren zu Gintaras gefahren, einem Australier, der in Vilnius als DJ arbeitete und bei dem Kosta die erste Zeit unterkommen wollte. Die Sache mit den vergessenen Anzügen wurde telefonisch gemanagt: Der Vermieter erklärte äußerst freundlich, die Sachen könnten auch später abgeholt werden. Offenbar hatte er das kaputte Tischchen noch nicht entdeckt. Oder - und das hätten wir nach dieser feigen Aktion eigentlich verdient - er wollte uns beim erneuten Treffen genauso auseinandernehmen wie wir den hübschen kleinen Tisch.

Im Cili Pica ließen wir unseren Wünschen noch einmal freien Lauf. Am Ende standen kalter Borschtsch, knusprige, geröstete Schwarzbrotstreifen mit Käse, Teigtaschen mit Quark und Himbeer-Sauce, Pizza Funghi und Traubensaft auf der Rechnung. 39,40 Lita, umgerechnet elf Euro waren verlangt. Für zwei Personen. Zwei 20-Litas Scheine war alles, was wir noch in den Taschen hatten. So schmeckte das Essen doppelt lecker.

Als wir in der Wohnung von Gintaras auftauchten, waren Kostas Sachen bereits verstaut und alle bereit, zum Flughafen Kaunas abzudüsen, von wo unsere Maschine nach Deutschland ging[6].

Es gab nur ein Problem. Aus einem unerklärlichen Grund ging die Wohnungstür nicht mehr auf. Irgendetwas stimmte nicht mit dem Schloss. Wir waren in der Wohnung gefangen. Was alle Insassen im ersten Moment als recht amüsant, wenn nicht sogar aufregend empfanden. Kevin, der das Problem als erster entdeckte, stand automatisch unter Verdacht, das Schloss kaputt gemacht zu haben. Um diesen schnell von sich zu weisen, bemühte er sich nach Kräften, die Tür mit denselben zu öffnen.

Mit dem Resultat, dass der Schlossriegel, der sich zuvor noch leicht bewegte, nun für immer und ewig eingefroren war. Damit war der ultimative Sündenbock gefunden, der nun wortwörtlich mit dem Kopf durch die Tür wollte.

Insgeheim wollte es ihm keiner verübeln, denn sein Kraftakt wäre für einen guten Zweck. Schließlich ging unserer Flieger in zwei Stunden. Und zum Flughafen Kaunas braucht man von Vilnius etwa anderthalb Stunden.

»Suuuper, Kevin! Vielen Dank!« spottete Micha.

»Willst du mich verarschen mit deiner Masche?! Geh zurück in die Badewanne!«, antwortete Kevin.

---

6 Ryanair fliegt seit Jahren viermal die Woche von Franfurt/Hahn nach Kaunas. Neu, wesentlich bequemer und vor allem genauso günstig ist die Strecke Dortmund – Vilnius, die die ungarische Billigairline WizzAir mehrmals die Woche ansteuert.

Dennoch wollten wir die Tür nicht eintreten – noch nicht. Erst musste jeder höchstpersönlich am Schloss herumwerkeln, um im Bestfall als Retter in der Not gefeiert zu werden. Während Kosta sich am Schloss versuchte, stellte ich mir kurz vor, wie genial es wäre, den Flug zu verpassen, länger in Vilnius zu bleiben und mehr Zeit mit Victoria zu verbringen.

Irgendwann war klar, dass keiner von uns auch nur annähernd eine eine Ahnung hatte, wie man die Tür ohne Verletzte aufkriegen konnte. Panik breitete sich aus. Einige fingen an, aus den Fenstern zu schielen. Aber diese Idee konnten wir knicken – wir befanden uns im vierten Stock. Ein letzter Ausweg blieb noch: Der Nachbarbalkon war in greifbarer Nähe. Man konnte rüberklettern und so nach draußen gelangen - eine Aktion für Schwindelfreie versteht sich.

Blöderweise war unklar, ob der Nachbar überhaupt zu Hause war. Wir waren gerade dabei, Kevin auf den Nachbarbalkon zu schicken, als uns aufgeregte Stimmen aus dem Wohnzimmer erreichten:

»Die Tür ist auf! Na also!«

Gintaras hatte die Schlossabdeckung zwar binnen Sekunden abgeschraubt. Doch es dauerte noch etliche Minuten, die Funktionsweise des Schlossmechanismus zu durchschauen. Letzten Endes war es ein einziges Metallplättchen, das abgebrochen war und uns von der Freiheit trennte. Nach überschwenglichen Dankesaussprachen an Gintaras eilten wir runter zum Auto. Auf die Tube drücken war angesagt.

Auf den Straßen war ausnahmsweise wenig Verkehr. Ich blickte durch die Scheibe auf die vorbeiziehenden Gebäude, in die Gesichter der Fußgänger, der Wartenden an den Bushaltestellen. In den letzten Minuten in Vilnius wollte ich mir alles ganz genau einprägen. Aber alles, was ich sah, war ihr Gesicht. Wohin ich auch schaute. Es hatte sich tief in meine Netzhaut eingebrannt.

Und so zog Vilnius, und dann meine geliebten Kiefernwäldchen außerhalb der Stadt an meinem ausdruckslosen Gesicht vorbei. Selbst ein fast geplatzter Reifen und ein Betrunkener, der in Kaunas die Straße runterrollte, schafften es nicht, mich aus der Betäubtheit rauszuholen.

Als wir endlich am Flughafen ankamen, war unsere Maschine noch da – zu meiner Enttäuschung. Aus den kleinen Lautsprechern, die von einer Heimanlage stammten, tönte der letzte Aufruf. Widerwillig ließ ich mich auf dem verbliebenen freien Platz nieder. Die endlosen Tritte, mit denen der kleine Junge hinter mir meinen Sitz malträtierte, interpretierte ich als offizielle Bestrafung für die Entscheidung, Vilnius zu verlassen. Obwohl der Flug weniger als zwei Stunden dauerte, kam ich wie gerädert in Frankfurt am Main an. Aber die Reise war noch nicht vorbei. Es stand noch eine stundenlange Busfahrt ins Ruhrgebiet an.

Endlich daheim angekommen, brach ich im Schutze meiner Wände in Tränen aus. Ich konnte mich nicht erinnern, wann ich das letzte Mal geweint hatte. Es hatte mich schwer erwischt.

Kapitel 4

Nur ein Gedanke

Zwei Monate lang dachte ich an die Rückkehr. Jeden Tag. Doch mir fehlte das Geld; Prüfungen und Hausarbeiten an der Uni standen an. Victoria musste arbeiten und konnte auch nicht weg. So blieb vorerst nur die Kommunikation über Handy, E-Mail und Skype. Die ersten Tage nach der Trennung waren besonders schlimm ...

- *Hi, wie war die Reise? Vermisse dich.*
- Alles ok, sind vor kurzem angekommen. Alle waren so mies gelaunt ... Nur ich hab gelächelt, an dich gedacht. Während der Fahrt hab ich noch in Erinnerungen geschwelgt – da gings noch. Aber sobald ich wieder Zuhause war ist alles eingestürzt ... ohne DICH. Hab mir dann die Fotos angeschaut und Gänsehaut bekommen. Und dann musste ich weinen ... Wenn du wüsstest, wie schlecht es mir jetzt geht. Hoffe, du fühlst dich besser.

- *Vermisse dich so sehr. Weißt du, unser Treffen hat mir geholfen, etwas zu verstehen ... Ich sitze jetzt und denke, wie gut es war, dass mir das Schicksal dich geschickt hat. Ich werde unser Treffen niemals im Leben vergessen. Schade, dass wir jetzt nicht zusammen sein können. Du kannst du gar nicht vorstellen, dass es irgendwo einen Menschen gibt, dem du sehr wichtig bist. Ich würde dich so gerne fühlen, wissen, dass ich dich wiedersehe, deine wunderschönen Augen ...*
- Habe deine Nachricht gelesen und Tränen bekommen. Vermisse dich so sehr. Ich werde die Zeit mit dir auch nie vergessen, es war die glücklichste meines Lebens. Ich habe

noch nie einen Menschen wie dich getroffen und würde
gerne für immer mit dir sein.

- *Wie fühlst du dich? Bin heute in die neue Wohnung
gezogen, wohne jetzt mit meiner Cousine zusammen.
Muss viel arbeiten, versuche, den Kopf nicht hängen zu
lassen, denke nur an dich. Habe dein Foto bekommen,
danke. Schick mir bitte mehr Fotos, werde dir später
meine schicken. Ich kann mich an jede Sekunde erinnern,
als wir zusammen waren, habe noch nie solche Gefühle
für jemanden empfunden, wie für dich. Wie geht es dir?
Und deinen Freunden? Schreib bitte mehr über dich.
Warte auf deine Antwort.*

- *Habe immer allen gesagt, wenn ich meine zweite Hälfte
treffe, werde ich sofort wissen, dass er es ist. Und als ich
dich getroffen habe, wusste ich sofort, dass ich mit dir
zusammen sein will. :**

- *Ich warte jedesmal so sehr auf deine Nachrichten und
wenn ich sie endlich bekomme, wird mir ganz warm uns
Herz. Bei uns ist heute sehr schönes Wetter und ich
wünschte so sehr, du währst jetzt hier. Aber auch wenn
das Wetter schlecht wäre, es regnen würde, wenn du bei
mir wärst, wäre es für mich der sonnigste Tag überhaupt.*

- *Du hast mich gefragt, was ich machen würde, wenn ich
zehn Millionen hätte. Ich würde mit dir nach Paris
fahren. Und dann wohin du willst. Ich habe immer
geglaubt, dass Geld einen nicht glücklich macht. Aber im
Moment wünsche ich mir so sehr, ich hätte viel Geld.
Dann wären wir schon nächste Woche in Paris. So wenig
brauche ich, um glücklich zu sein. Was würdest du mit
dem Geld anfangen? Lebe nur von der Hoffnung, dich*

wiederzusehen. Ich würde dich festhalten und nicht wieder loslassen …

Wir schrieben uns mehrmals täglich, telefonierten nahezu jeden Tag. Ich fing an, Litauisch zu lernen und fabrizierte das ein oder andere überschwängliche Gedicht …

Ein Leben leben ohne Dich
bedeutungslos und voller Schmerz
vergeht die Zeit
Vergehen Liebe, Freude, Glück
Was bleibt sind Bilder in meinem Kopf
Das Herz fragt, wo bleibt das Glück?
Was soll ich antworten?
Ich werde verrückt
Ohne dich verwelke ich
Die Frage schmerzt
Warum gibt es Dich und mich,
warum nicht Uns?

Als endlich feststand, wann ich sie wiedersehen würde, war die ganze Trübseligkeit mit einem Schlag verschwunden.

Von diesem Moment an gab es einen Punkt in Raum und Zeit, dem ich mit Freude entgegen sah. Ich besorgte mir einen gut bezahlten Aushilfsjob und vertiefte mich in der restlichen Zeit in den Lernstoff des Semesters. Die Zeit schien zu rasen …

Busgespräch

Da ich einen günstigen Flug nach Vilnius nicht finden konnte, war diesmal Busfahren angesagt.

Um neun Uhr morgens tanzte ich mit meiner Tasche am Düsseldorfer Busbahnhof an. Vergeblich hielt ich Ausschau nach osteuropäischen Mitreisenden, die an diesem Novembermorgen nach Litauen aufbrechen wollten. Von Hektik war nichts zu spüren. Als der Doppelstockbus endlich anrollte, stellte sich heraus, dass ich der einzige Passagier war.

Ich breitete mich oben in der ersten Reihe aus und schaute eine Weile durch die riesige Windschutzscheibe. Nun hatte ich allerhand Zeit, über die kommende Woche in Vilnius zu fantasieren – der Bus sollte erst in 28 Stunden in der litauischen Hauptstadt ankommen.

Essen, Duisburg, Bochum, Bielefeld – der Bus klapperte ganz Nordrhein-Westfalen ab, nur um hier und da ein oder zwei Mann mit prall gefüllten Sporttaschen einzusammeln – die Personifizierung des Import-Export-Geschäfts.

Ich versuchte mich mit Lesen abzulenken. Es klappte ganz gut und die Zeit verging schneller als erwartet.

An der deutsch-polnischen Grenze ereignete sich der erste, skurrile Zwischenfall. Die Reisebegleiterin sammelte unsere Ausweise ein und eilte damit zu den Grenzbeamten. Ich und andere Fahrgäste nutzten den Stopp, um die Toilette im Grenzgebäude aufzusuchen. Wenig später tauchten die Beamten im Bus auf, beäugten wachsam die teils aufgeregten, teils müden Passagiere und drückten schließlich jedem persönlich die Papiere zurück in die Hand. Allerdings blieb ein Ausweis ohne seinen Besitzer. Nach mehreren erfolglosen Durchsagen der Reisebegleiterin machte sich unser Bus schließlich ohne Georgij Starigin auf nach Litauen.

Als unser Bus die ersten Meter auf litauischem Boden zurücklegte, fiel mir die Toilettenkabine im Grenzgebäude ein, die aus irgendeinem Grund nicht nur innen, sondern auch außen einen Riegel hatte.

»Vielleicht hat ihn einfach nur die Putzfrau auf der Toilette abgeschlossen …«, versuchte ich zu scherzen.

»Ja genau! Ihn und seine 10 Kilo Koks!«, antwortete ein junger Kerl, der zwei Sitze weiter saß. Er war großgewachsen, hager und hatte lange, zum Zopf gebundene schwarze Haare. Auf seiner spitzen Nase glänzte eine Brille mit einer schwarzen Fassung. Wie sich später rausstellte, hieß er Andrius. Der Litauer hatte in Deutschland Freunde besucht und war auf dem Rückweg nach Vilnius. Er rutschte einen Sitz näher zu mir und sagte:

»Ich kenn da ne witzige Geschichte mit ner Putzfrau, die in Kaunas in einem Maxima gearbeitet hat … Kennst du Maxima?«

»Klar, ist ein Supermarkt.«

»Genau. Jedenfalls die Putzfrau fährt jeden Tag mit dem Bus zur Arbeit. Aber einmal ist sie spät dran und verpasst ihren Bus. Also entscheidet sie sich, per Anhalter zu fahren, weil sie auf keinen Fall zu spät kommen will. Sie steigt bei einem LKW-Fahrer ein und sagt, ›Ich muss zum Maxima‹. Der Fahrer murmelt ›okay‹ und sie nickt auf dem Beifahrersitz direkt ein. 300 km später wacht sie auf – in einem Maxima. Aber in Riga! Der LKW-Fahrer kam nämlich aus Lettland und hat sie, weil er kein Litauisch und sie kein Lettisch oder Russisch konnte, missverstanden …«

»Na das ist ne Story! Und wie ist sie dann zurückgekommen?«

»Das weiß ich nicht, hab die Geschichte letztens im Radio gehört … Soll aber wirklich so passiert sein.«

»Sag mal, was muss man deiner Meinung nach in Vilnius
gesehen haben? Mal abgesehen von den üblichen Sachen
wie Gediminas-Burg und Pilies-Straße …«

»Ich dacht schon, du wolltest nach Clubs fragen.«

»Nee, hab genug von Clubs, Freundin wartet auf mich in
Vilnius …«

»Na dann … Lass mal überlegen … Akropolis
natürlich!«

»Willst mich verarschen, oder? Als ob es in Deutschland
keine Einkaufszentren gibt!«

»Okay, okay, war ein Scherz. Aber es gibt Leute hier, die
kommen extra aus Dörfern nach Vilnius, um sich das
Ding anzuschauen. Wie im Zoo. Und kaufen tun die ja eh
nichts. Außer einem Eis vielleicht.«

»Dafür kann man da Schlittschuh laufen …«

»Super.«

»Und im Supermarkt im Erdgeschoss kann man
problemlos Testosteron kaufen.«

»Echt? Kennst dich ja bestens aus.«

»Wir waren da mal mit den Jungs einkaufen … Aber im
Ernst – was sollte man sich in Vilnius unbedingt
anschauen? Ich war mal mit einem Freund in Bulgarien.
Und die Einheimischen konnten uns keine einzige
Sehenswürdigkeit in der Hauptstadt Sofia nennen. Dabei
ist das eine der ältesten Städte Europas …«

»In Bulgarien war ich noch nicht. Aber was Vilnius
angeht - warst du schon in Uzupis?«

»Nee, wo ist das?«

»In Vilnius, am Rande der Altstand. Das ist ne
Künstlerrepublik, das Montmartre von Vilnius quasi. Die
haben da sogar eine eigene Verfassung und einen
Präsidenten. Wenn du der Vilnia entlang gehst, kommt an
einer Brücke ein großes Schild mit der Aufschrift
›Republik Uzupis‹. Dann weißt du Bescheid.«

»Aber das ist doch keine eigenständige Republik?«

»Nee, das nicht. Ist so etwas wie eine Kunstaktion, die Leute da sind echt witzig - wie unser Bürgermeister mit seinem Motto ›Museen statt Fabriken‹[7]. Einer der Artikel der Verfassung von Uzupis heißt: Jeder hat das Recht, faul zu sein. Oder: Jeder hat das Recht, kein Recht zu haben …«

»Ist ja Hammer … Woher kennst du die einzelnen Artikel?«

»Da sind Tafeln an einer Mauer angebracht, auf der die ganzen Artikel gelistet sind. Das sind 40 oder so. Und zwar in zehn verschiedenen Sprachen. Aber Uzupis ist auch nicht mehr, was es mal war … Früher haben dort noch Künstler gelebt, heute sind da nur noch Cafés für Touristen und so ein Scheiß. Alles super teuer … Ach ja, kennst du Frank Zappa?«

»Nein, wer ist das?«

»Zappa ist eine Rock and Roll Legende aus den USA … Einer der besten Gitarristen aller Zeiten. Ist schon eine Weile tot. Es gibt in Zentrum ein Denkmal, eine Büste von ihm - muss man gesehen haben. Die steht da seit 95, aber kein Tourist kann die jemals finden …«

»Warum?«

»Ist halt ein bisschen versteckt.«

»Cool. Was für Highlights über Vilnius oder über Litauen generell kennst du noch?«

»Highlights? Hmm, weiß ich nicht… Ach ja, neulich habe ich im Netz gelesen, dass wir das schlechteste Gesundheitssystem in ganz Europa haben sollen. Glaube ich aber nicht – das wird alles von den Medien aufgepuscht.«

»Ich hab sogar gehört, in Litauen gibt es die höchste Selbstmordrate auf der ganzen Welt …«

---

[7] Der Bürgermeister von Vilnius fährt auch mal mit einem Panzer über falsch geparkte Autos und plant, eine unbewohnte griechische Insel als 22. Vilniuser Bezirk zu kaufen, weil Litauen doch so klein und nicht warm genug sei.

»Hör ich zum ersten Mal. Ist wieder so ein Statistik-Ding. Bei so einem kleinen Land fällts halt leicht auf. Aber sagen wir mal irgendwo in Russland, auf dem Land – wenn da einer regelmäßig säuft und daran zu Grunde geht, geht das ja nicht als Selbstmord durch. Wenns denn überhaupt statistisch erfasst wird.«

»Mag sein. Aber du musst zugegeben, dass da was dran sein muss.«

»Ja, das ist vermutlich auf dem Land, wo die meisten Leute keine Arbeit haben. Soweit ich weiß leben bei uns noch mehr als 30 Prozent auf dem Land. Und wenn die da nichts zu tun haben, fangen die an zu saufen. Und das jeden Tag. Man kann sich ja vorstellen, wie sowas endet. In der Stadt, erst recht in Vilnius, kann davon nicht die Rede sein.«

»Kann ich irgendwie auch nicht bestätigen. Hier sehe ich spätabends, bei +5 Jugendliche, die auf dem Gediminas-Boulevard Badminton spielen. Und im Sommer spielt einer nachts Saxophon auf der Straße ... Oder steht stundenlang in ein und derselben Pose vor dem Schauspielhaus ... Jeden Tag heiratet jemand auf dem Kathedralenplatz ... Ich hab sogar gehört, dass man hier am frühesten in ganz Europa heiratet. Das Durchschnittsalter liegt bei 24 oder so. Vilnius und Selbstmord passt einfach nicht zusammen.«

»Jedenfalls gilt das auf keinen Fall für die jungen Leuten ...«

»Apropos junge Leute – was hältst du eigentlich von Palanga[8]?«

»Palanga? Was willst du da?«

»Na ja, ich war noch nie an der Küste in Litauen ...«

»Und da willst du jetzt hin? Im November?«

---

[8] Palanga ist ein kleines Seebad an der litauischen Küste, das in den Sommermonaten völlig von Einheimischen und Touristen überlaufen ist.

»Nee, schon im Sommer.«

»Also Palanga kannst du vergessen. Da findest du keine freie Stelle am Strand. Weit und breit nur Familien und pubertierende Kinder … Wenn, würde ich ein paar Kilometer weiter Richtung Norden oder Süden entlang der Küste fahren. Da sind dann schon weniger Leute. Oder direkt nach Nida …«

»Den Namen hab ich schon mal gehört … Das ist ein Dorf auf dieser Halbinsel vor der litauischen Küste, oder?«

»Genau, *Kuršių nerija* (z. Dt. Kurische Nehrung) heißt die. Um dahin zu kommen, musst du mit einer Fähre von Klaipeda übersetzen. Aber es lohnt sich auf jeden Fall. Die Landschaft da ist wirklich einmalig[9]. In Nida gibt es sogar die höchste Düne in ganz Europa …«[10]

»Ich dachte, die höchste Düne in ganz Europa wäre auf Gran Canaria, in Maspalomas …«

»Die Kanaren zählen doch nicht wirklich zu Europa …«

»Sind ja spanische Inseln, also insofern schon.«

»Ich meine, es ist ja schon mehr Afrika als Europa.«

»Wenn, dann aber nur vom Klima her.«

»Warst du etwa da?«

»Ja. Was Mallorca für die Deutschen ist, sind die Kanaren für die restlichen Europäer … und Russen. Künstliche Partyburgen, wo die Leute pauschalmäßig abgezogen werden …«

»Scheinst ja nicht allzu begeistert zu sein!«, lachte Andrius auf.

»Na ja, hatten da einen etwas unangenehmen Vorfall.«

»Ach was?«

---

[9] Thomas Mann war so fasziniert von der Kurischen Nehrung, dass er sich dort ein Haus bauen ließ, in dem er mehrere Sommer verbrachte und das heute als Museum dient.

[10] Tatsächlich ist die Hohe Düne bei Nida die zweithöchste Europas (nach der Dune du Pyla bei Arcachon im Südwesten Frankreichs)

»Nichts Wildes ... Also du musst wissen, wir waren in *Playa del Ingles*, einer typischen Touristenhochburg, die praktisch nur aus Hotels und Bars besteht. Und an jeder Ecke steht tagein, tagaus ein entsetzlich hartnäckiger Flyerverteiler, der dich in eine Bar locken will. Die ersten Tage konnten wir die irgendwie abwimmeln, aber an einem Abend hat es dann einer geschafft, uns in eine Bar zu locken. Der Eintritt war frei, also dachten wir, wir hätten nichts zu verlieren. Vor Ort setzen sich dann Mädels zu uns, die dort arbeiteten. Da dachte ich - was ist das denn für ein Bordell - nur raus hier ... Wir wollen rausgehen, aber plötzlich hält uns der Türsteher auf. Und sagt, wir sollen erst für die Getränke zahlen. Wir fragen: welche Getränke? Wir haben ja nichts getrunken. Da deutet er auf die Mädels, die sich auf der Couch räkeln – jede mit nem Champagnerglas in der Hand.«

»Alles klar, die übliche Masche ...«, gab Andrius von sich.

»Das Witzige war, dass die bereits mit einem Glas angetanzt sind und später meinten, wir wollten ihnen ein Getränk ausgeben. Jedenfalls ließen die uns erst raus, als wir für drei Getränke rund 25 Euro bezahlt hatten. Aus Wut hab ich dann beim Rausgehen deren Salontür gegen die Wand geschleudert ... Sekunden später tauchten dann mehrere Türsteher auf, denen buchstäblich der Dampf aus den Nasenlöchern stieg und liefen auf mich zu. Ich rannte natürlich weg. Die ersten hundert Meter klappte das auch ganz gut. Diese Gorillas sind ja nicht wirklich beweglich. Dann tauchten plötzlich aus allen Seitenstraßen Türsteher auf und schnitten mir den Weg ab. Offensichtlich hatten unsere Freunde ihren Kollegen über Funk Bescheid gegeben. Die ganze Meute stürzte sich also auf mich. Mindestens fünf Mann drückten mich zu Boden. Dann richteten die mich auf und zogen mich irgendwohin. Ich dachte, die bringen mich aufs Revier oder so, aber nach fünfzehn Metern ließen die mich einfach los und zogen sich zurück. Aber was mich am meisten geärgert hat, waren die ganzen Leute auf der Straße, die das beobachtet haben. Die haben nicht nur nichts gemacht haben, sondern auch noch diesen Ausdruck im Gesicht hatten von wegen: ›Ne, ne, da hat schon wieder einer im Club eine Schlägerei angefangen‹.«

»Ist aber immer so. Die meisten assoziieren Türsteher mit einer Autoritätsperson wie einem Polizisten. Und was der tut, muss ja rechtens sein …«

»Ja, genauso ist das! Du hast den Durchblick. Aber das war erst der Anfang der Story …«

»Was ist denn noch passiert?«

»Wir, also ich und zwei Freunde von mir, waren am selben Abend noch in einem Club. Die Stimmung gar ganz gut, bis wie aus dem Nichts sturzbesoffene Engländer auftauchten und anfingen auf das Metallgerüst zu klettern, an dem die Diskokugeln, Lautsprecher und Scheinwerfer hingen. Die baumelten hin und her, stürzten, schrien, kletterten wieder hoch. Jedenfalls hatten wir irgendwann genug und verließen den Schuppen. Vor dem Club saßen einige Spanier, die offensichtlich auf Stress aus waren. Einer stellte sich vor meinen Freund Simon und meinte, Simon hätte seine Freundin schief angeguckt. Micha, also der dritte in unserem Bunde, stellte sich daneben, woraufhin der Spanier ihn zu schubsen anfing. Zu diesem Moment waren um uns herum sieben oder acht Spanier. Plus zwei dürre Russen, die irgendwoher auftauchten und sich auf unsere Seite stellten …«

»Ja, ja, Russen sind halt überall …«

»Micha ist Kampfsportler und lässt sich nicht so leicht provozieren. Aber als der Spanier ihn schlug, schlug er zurück. Und brach ihm die Nase. Da ging die Schlägerei los. Ich stand außen und bekanntlich kriegt der, der außen steht, als erster einen ab. Drei Spanier sprangen in meine Richtung und warfen wilde Schwinger in   Richtung meines Gesichts. Dann sprangen sie wieder zurück. Glücklicherweise streifte mich einer nur leicht. Der Spanier mit der blutenden Nase drehte total durch, zerschlug eine Bierflasche und ging mit ihr auf uns los. Ich lief zur Seite, Simon zunächst auch. Dann holte ihn der Spanier ein. Simon drehte sich um und schlug ihm die Flasche aus der Hand. Zum Glück tauchten in diesem Moment Polizeiautos auf. Alle Spanier waren auf einmal wie vom Erdboden verschluckt. Allerdings kann ich mich noch dran erinnern, dass der Bruder des Initiators der Schlägerei beim Wegrennen lautstark Blutrache schwor.«

»Und, wie ist das Ganze ausgegangen?«

»Na ja, unser Hotel war gleich um die Ecke, aber die Polizisten, die das Ganze mit einem müden Lächeln abtaten, nahmen uns mit aufs Revier, wo sie unsere Ausweise einsackten. Dann fuhren sie uns zu unserem Hotel. Leider waren wir blöd genug, uns am nächsten Abend mit den zwei Russen, die uns zur Hilfe kamen, an derselben Stelle zu verabreden. Wir hatten keine Nummern ausgetauscht, also blieb uns nicht anderes, als hinzugehen. Immerhin hatten wir ihnen unser Wort gegeben.«

»Habt ihr die dann noch gesehen?«

»Am nächsten Abend schlichen wir um tausend Ecken, versteckten uns hinter Büschen und wischten uns jede zwei Minuten den Schweiß von der Stirn. Wir Idioten hatten uns nämlich ausgerechnet an der Stelle verabredet, an der tagein, tagaus Spanier abhingen. Dann waren wir vor Ort und die zwei Russen waren nicht da. Wir warteten und warteten. Zum Glück waren diesmal nur wenige Leute da, vielleicht weil es ein Montagabend war. Jedenfalls kamen die Russen nicht und basta.«

»Tja, und die Moral von der Geschichte …«

»Die Moral ist, dass man manchmal, ob man will oder nicht, irgendwo reingeraten kann. Manchmal kann man es einfach nicht vermeiden. Aber in Vilnius zum Beispiel hatten wir noch nie Stress mit jemanden - weder im Club, noch sonst irgendwo. Und wir wurden auch nirgends abgezockt.«

»Na dann, warte mal ab.«

Dieser Kommentar zog bei mir düstere Gedanken herauf. Ich beschloss, das Gespräch zu beenden. Hinter den Regentropfen auf der Scheibe malte bereits die Nacht ihr imposantes Gemälde ...

Dank Ohropax, zweifelsohne der besten Erfindung der Welt, bekam ich von der nächtlichen Fahrt durch Polen kaum etwas mit.

Am frühen Vormittag erreichten wir Kaunas, Litauens zweitgrößte[11] Stadt. Umsteigen war angesagt. Vom Bus aus gesehen machte Kaunas nicht gerade den besten Eindruck. Nachdem wir die Memel, einen mächtigen, dunkelgrünen Fluss überquert hatten, fuhren wir einen breiten, kahlen und schmutzigen Boulevard entlang, bis schließlich der Busbahnhof erreicht war. Ich erinnerte mich unweigerlich an den Betrunkenen, den ich während der letzten Litauen-Reise in dieser Stadt eine Straße runterrollen sah. Das war in etwa das Einzige, was mir von Kaunas in Erinnerung geblieben war.

Als der Bus auf dem Parkplatz des Busbahnhofs stoppte, fiel mir als erstes eine violett-gelb schimmernde Ölpfütze ins Auge. Sie stach derart aus dem Grau der Häuserfassaden, Kioske und des Himmels heraus, dass das Auge von allein immer wieder zu ihr zurückkehrte. Die Tür des Busses schob sich lautlos zur Seite und fahles Licht drang ins Innere ein.

»Bitte alle aussteigen, dieser Bus bleibt in Kaunas«, murmelte die Reiseleiterin ins Mikrofon.

Die Insassen spalteten sich prompt in zwei Gruppen. Die erste Gruppe bestand allem Anschein nach aus

---

[11] Mit 350.000 Einwohnern ist Kaunas um einiges kleiner als Vilnius (550.000).

Heimkehrern: In den zerknirschten Gesichtern funkelten bereits wache Augen; mit energischen Bewegungen hievten sie Gepäck aus dem Laderaum. Auf den ein oder anderen wartete jemand …

Die Angehörigen der zweiten Gruppe waren leicht auszumachen. Ihnen stand eine Frage ins verschlafene Gesicht geschrieben: Wo zum Teufel bin ich? Ich gehörte nicht zur ersten Gruppe.

Auf Anfrage erklärte mir die Reisebegleiterin, dass uns bald ein anderer Bus ins 100 Kilometer entfernte Vilnius bringen würde. ›Bald‹ wurde nicht näher spezifiziert, also nahmen ich und die anderen Mitreisenden im kleinen Wartesaal des Busbahnhofs Platz.

Im Raum herrschte eine beklemmende Stille. Um mich herum waren nur müde Gesichter. Ich ließ meinen Blick auf der Uhr an der Wand vor mir ruhen. Die Zeiger schienen still zu stehen. Plötzlich öffnete sich die Tür, ein betrunkener Obdachloser kam rein, durchwühlte die umstehenden Mülleimer und fing an, laut auf Litauisch zu schreien und wild mit den Armen zu fuchteln. Ich konnte nicht verstehen, was er anprangerte, allerdings schienen es die Einheimischen im Saal offensichtlich zu begrüßen. Ihre Gesichter klarten auf, ein hitziges Wortgefecht entbrannte. Vielleicht war der Initiator für die Leute im Warteraum aber auch nur eine willkommene Ablenkung vom tristen Alltag. Die Vorstellung des Mannes schien auf dem Höhepunkt angekommen zu sein, als plötzlich ein kantiger Sicherheitsbeamter auftauchte und den unliebsamen Systemkritiker schroff nach draußen beförderte. Ich trat ebenfalls vor die Tür. Ein Minibus mit dem Schild ›Vilnius‹ hinter der Windschutzscheibe rollte auf den Parkplatz …

Auf der Endetappe steckte ich mir Kopfhörer in die Ohren und schloss die Augen. Die Batterie des mp3-Spielers war leer. Ich ließ die Augen zu. Alle Gedanken kreisten um sie.

Ich öffnete die Augen und schaute aus dem Fenster. Plakatwände, Geschäfte und Kioske zogen am Fenster vorbei. Wir waren bereits in Vilnius.

Plötzlich fühlte ich mich wie in einem Karussell, das sich immer schneller drehte. Ein unangenehmes Gefühl der Anspannung tauchte in Inneren auf und bohrte sich mühsam nach draußen. Mein Herz pochte, die Handflächen waren nass. Dann endlich stoppte der Bus. Ich war endlich da …

Sie sah genauso aus, wie ich sie in Erinnerung hatte. Sie war nervös. Sogar nervöser als ich. Das beruhigte mich etwas. Wir küssten uns und meine Anspannung legte sich.

Wir fuhren mit dem Bus quer über die ganze Stadt. Sie war immer noch angespannt. Es fing an zu schneien …

Eine Stunde später kamen wir in einer Trabantensiedlung an. Während Victoria den Code an der Tür eingab, starrte ich zu den 13 Stockwerken des tristen Wohnblocks vor mir empor.

In der Einzimmerwohnung war es kalt, die Tür zum verglasten Balkon war nicht abgedichtet, die Heizung nur lauwarm. Dem Geruch nach, der dem Abfluss entstieg, schien dieses direkt mit der örtlichen Müllkippe verbunden zu sein. Victorias Mitbewohnerin, die uns mit einem verlegenen Gesichtsausdruck empfing, machte sich nach einer Weile auf zu ihrem Freund. Und ich kam gar nicht dazu, das extra für mich zubereitete Hühnchen mit Reis aufzuessen …

Victoria entpuppte sich als wahre Nymphomanin. Wir gingen Essen, dann schliefen wir miteinander. Wir gingen spazieren, dann hatten wir Sex. Wir gingen einkaufen, bummeln oder ins Kino - es folgte stets, was folgen musste. Nachts war Nachtschicht angesagt.
In der restlichen Zeit quatschten wir, lachten oder machten irgendwelchen Unsinn.

»Sag mal, was ist für dich das schönste Geräusch auf der Welt?«

»Uff … Weiß nicht … Da gibts so einige, die ich mag …«

»Zum Beispiel? Sag schon!«

»Na, ich mag zum Beispiel das Knirschen des Schnees unter den Füßen. Das ist irgendwie ein sehr einzigartiges Geräusch … Dann mag ich das Geräusch der Brandung – Wellen, die am Strand brechen …«

»Ja! Das hört man auch in einer Muschel …«

»Aha … Oder wenn jemand lacht … Aber auch das Schnurren einer Katze, wenn man sie streichelt.«

»Oh ja!«

»Je länger ich nachdenke, desto mehr Sachen fallen mir ein: das Knistern eines Feuers, das Rascheln von Laub im Herbst, ein Feuerwerk … Auf jeden Fall das Knattern eines Zuges, der über die Schienen rollt … Und dann der Wind, der mit den Blättern in den Baumkronen spielt!«

»Hey, du liest meine Gedanken! Wenn der Wind durch die Bäume fährt und die Blätter rascheln lässt! Das ist so unbeschreiblich … Ich liebe auch dieses Krrkrrr, wenn man im Herbst auf trockene Blätter tritt …«

»Na, ich bin halt ein Telepath. Irgendwie erinnert mich das mit den trockenen Blättern an das Geräusch, wenn Regentropfen auf die Scheibe fallen. Weiß auch nicht, warum.«

»Ein Psychopath bist du! Deswegen. Haha!«

»Hahaha. Komm, sag mir noch ein paar Geräusche, die du magst!«

»Du hast schon so viele gesagt, das bringt mich total durcheinander … Leises Vogelgezwitscher mag ich. Das Lachen eines Babys! Wenn man die Seite eines Buchs umblättert … Oder das Klacken, wenn man ein Marmeladenglas öffnet …«

»Na dir fallen ja Sachen ein!«

»Und abends im Sommer mag ich das Zirpen von Grillen - das gehört einfach zum Sommer …«

»Genau, ich glaub sogar, man schläft damit besser ein …«

»Ein fröhliches Lachen ist auch wunderbar.«

»Ja, dein Lachen!«

»Nein, deeeins!«

»Oder wenn man ins Wasser springt – das Geräusch ist auch genial … Oder wenn ein Wasserstrahl deine Haut trifft … Als ich klein war, sind wir mit meinen Bruder und meinem Vater samstags immer ins Schwimmbad gefahren. Das war am anderen Ende von St. Petersburg und man freute sich die ganze Fahrt über drauf. Unterwegs hab ich mir immer vorgestellt, was ich für Sprünge machen würde, wie ich endlich vom Dreier springen würde und alle total beeindruckt wären … Und am Ende bin ich natürlich nur vom Beckenrand gesprungen. Dafür hab ich endlos viele von diesen Rückwärtsrollen unter Wasser gemacht, bei denen einem Wasser in die Nase eindringt und man nur noch Chlor schmeckt …«

»Unter Wasser kann man alles Mögliche machen …«

»Ach *darauf* stehst du! Ich verstehe …«

»Du Dussel! Ich meine, was man alles für Bewegungen unter Wasser machen kann.«

»Die mein ich auch! Okay, okay, weiß schon.«

»Männer denken immer an das Eine.«

»Ach was! Nein, aber was noch unbezahlbar war, war das Duschen nach dem Schwimmen. Ich glaub, ich hab länger unter der Dusche verbracht, als im Wasser. Ein Duschkopf war nämlich abgeschraubt und der Wasserstrahl war da besonders hart. Sich da drunter zu stellen war für uns Jungs so etwas wie ne Mutprobe. Wenn man etwas länger drunter stand, schien die Zeit stehen zu bleiben …«

Die ersten Tage in Vilnius vergingen wie im Flug. In einem Buchladen nahm ich ein Fotobuch mit Bildern aus der ganzen Welt und sie sagte, wie toll es wäre, zusammen zu verreisen. Wir kauften Handschuhe und stellten später fest, dass sie ein Loch hatten. Wir lachten und aßen stundenlang Eis auf einer Parkbank. Als es uns kalt wurde, umarmten wir uns und küssten einander. Wir waren die einzigen im letzten Bus, die letzten, die am Ende des Tages ihre Abdrücke im Schnee hinterließen und die sich wie Abdrücke im Sand anfühlten …

Doch dann kam der Moment, an dem ich anfing, die verbleibenden Tage zu zählen. In meinem Kopf lief nur noch *Why do all good things come to an end* von Nelly Furtado. Die Mundwinkel gingen runter.

Nun ertappte ich sie immer öfter mit einem traurigen Gesichtsausdruck. Ich kaufte ihr Blumen, eine riesige Plüschmöwe, eine Pflanze für Daheim, ein Portemonnaie, ein Armband – alles, um sie von den düsteren Gedanken abzulenken. Aber die Uhr in meinem Kopf tickte unerbittlich und wurde immer lauter je näher sich die Stunde der Abfahrt näherte.

Am letzten Abend saßen wir im Cili Picas und sie fing plötzlich an zu weinen. Ich umarmte und küsste sie. Dann hörte ich mich »alles wird gut« sagen – etwas, das ich eigentlich nie sage.

Stunden später saß ich im Bus nach Deutschland und starrte dumpf vor mich hin. Es schneite dermaßen, dass der Bus komplett von der Außenwelt abgetrennt zu sein schien. Vor meinem geistigen Auge lief der Moment unseres Abschieds ab …

Immer wieder kullerten Tränen über ihr Gesicht. Dann küssten wir uns ein letztes Mal. »Ich komme bald wieder!« sagte ich in einem bemüht gefassten Ton und stieg in den Kleinbus ein, den wir um etliche Minuten aufgehalten hatten.

Das Gefühlskarussell in mir drehte sich immer schneller. Im einen Moment fühlte ich mich, als hätte man mir eine Überdosis Beruhigungsmittel verabreicht: alles um mich herum lief wie in Zeitlupe ab. Und alles war gleich belanglos. Im anderen spürte ich ein unglaublich bitteres Gefühl – als würde ich in den Krieg ziehen und ganz sicher nicht wiederkommen. Es sollte die traurigste Busfahrt meines Lebens werden.

Aber wenigstens begann sie mit einem heiterem Moment: Ich saß auf dem Beifahrersitz des Minibusses und suchte das Innere nach einer Lektüre ab, die mich von den tristen Gedanken ablenken sollte. In der Türablage ortete ich eine eingerollte Zeitung. Ich fragte den Fahrer, einen stämmigen Mittvierziger mit Kurzhaarfrisur, ob ich die Zeitung mal sehen könnte - was dieser reflexartig bejahte. Allerdings merkte ich, dass ihm irgendwie nicht wohl bei der Sache war. Es hielt mich jedoch nicht davon ab, die Zeitung aus der Ablage rauszuholen und aufzuschlagen. Auf der ersten Seite waren nur langweilige Kleinanzeigen, also blätterte ich weiter. Und nun leuchtete mir mit einem Schlag ein, warum der Fahrer so ungewöhnlich reagierte …

Die folgenden Seiten waren voll mit Fotos von nackten Frauen. Ich versuchte mir nicht anmerken zu lassen, dass ich eine Pornozeitung in den Händen hielt und blätterte mit einer gleichgültigen Miene weiter – wenn auch etwas zügiger. Als ich kurz in den Rückspiegel schaute, stellte ich fest, dass ein halbes Dutzend Augenpaare gebannt auf meine Lektüre starrten. Ich schielte aus dem Augenwinkel zum Fahrer rüber. Dieser blickte schnurstracks nach vorne, seine Backen leuchteten rot, auf der Stirn glitzerten kleine Schweißperlen. Gemächlich faltete ich die Zeitung zusammen und legte sie zurück in die Ablage. Dann täuschte ich ein Gähnen vor, streckte mich leicht und machte die Augen zu. Ein verstohlenes Lächeln trat auf meine Lippen …

Als ich Zuhause wieder in den Spiegel blickte, war mir klar, dass ich so schnell wie möglich wieder zurück nach Vilnius musste. Ungläubig schaute ich mir die Fältchen an, die sich vor lautem Lächeln um meine Mundwinkel gebildet hatten.

Kevins Studientrip ins Baltikum

Während ich in Vilnius vergnügt Händchen hielt und Däumchen drehte, plante Kevin im heimischen Deutschland seine eigene, teuflische Baltikum-Offensive. Die Grundidee war simpel. Kevin wollte in Vilnius studieren. Sagte er zumindest. Psychologie war das Fach, in dem Vorlesungen auch auf Russisch oder Englisch abgehalten werden würden. Das ›oder‹ wollte Kevin nicht weiter erläutern …

»Ich fliege einfach hin und kläre das vor Ort. Wird schon irgendwie klappen … Und wenn nicht, bin ich immer noch in Vilnius!«

»Wow. Du fliegst direkt nach Vilnius?« Ich hackte nach, weil ich wusste, wie teuer ein Direktflug aus Deutschland war.

»Na ja, eigentlich fliege ich nach Riga. Und von da fahr ich dann mit dem Bus runter nach Vilnius.«

»Nicht schlecht, der Specht. Da, würde ich glatt mitkommen, wenn ich die Kohle hätte …«

Da Kevin nicht selten große Pläne macht, sich mit der Verwirklichung aber gerne Zeit lässt, parkte mein Hirn Kevins Vorhaben per Automatikschaltung irgendwo auf dem Langzeitparkplatz meines Hinterkopfes. Bis eine Woche später mein Handy klingelte und auf dem Display sein Name erschien.

»Hey, Kev! Was geht? Wo bist du?«

»In Vilnius.«

»Was?! Im Ernst?« Für Vilnius hörte er sich irgendwie deprimiert an.

»Ja. Hab meinen Flug verpasst. Und meine Karte ist gleich …«

Die Verbindung brach ab.

Ich wählte Kevins deutsche Handy-Nummer, erreichte jedoch nur die Mailbox. Die folgenden zwei Tage war von ihm nichts zu hören. Dann tauchte er wieder aus der Versenkung auf.

»Hi Bo! Na, wie gehts? Bin wieder in Deutschland. Bin vor einer Stunde gelandet und sitz schon im Zug Richtung Wuppertal. Muss gleich auch noch arbeiten …«

»Was war denn los? Flug verpasst?!«

»Ist eine lange Geschichte … Also der ganze Trip hat schon nicht besonders angefangen. Ich bin abends in Riga gelandet und wollte mir noch ein bisschen die Stadt ansehen und dann mit dem Bus nach Vilnius fahren. Ich bin in so eine Bar rein, hab da ein bisschen was getrunken und zwei Mädels kennengelernt … Und als ich abhauen wollte, meinten die, ich hätte sie eingeladen … Also die Getränke mein ich …«

»Neeein! Kennst doch diese Masche! Wie viel solltest du am Ende zahlen?«

»Hundertfünfzig Euro. Ich meinte aber direkt, ich hätte niemand eingeladen und würde nur meine Getränke zahlen. Außerdem konnte ich das eh nicht zahlen, weil ich nicht genug Kohle mithatte.«

»Wovon wolltest du denn in Vilnius leben?«

»Ich hatte das Geld zum Glück nicht bei mir, sondern in meiner Tasche. Und die hab ich zuvor in ein Schließfach im Hauptbahnhof getan.«

»Verstehe …«

»Jedenfalls haben die mir nicht geglaubt und wollten, dass ich meine Taschen leere. Was ich dann auch gemacht habe, weil ich dachte, dass die mich dann gehen lassen würden. Haben die aber nicht. Stattdessen haben die deine Fotokamera gesehen und meinten, die könnte ich da lassen und könnte gehen.«

»Was?!«

»Hey, easy, die Kamera habe ich noch. Alles in Butter. Ich hab denen direkt gesagt, die Kamera gehört mir nicht und sie ist das Letzte, was ich zurücklasse …«

»Wen meinst du denn mit ›denen‹?«

»Na die blöden Türsteher«

»Warum zum Teufel entscheiden die überhaupt, wer was zurückzulassen hat?!«

»Haben die nicht. Die haben mit dem Chef telefoniert, der gar nicht vor Ort war. Jedenfalls saß ich dann bis fünf Uhr morgens in irgend so einem Hinterzimmer und erzählte dem Türsteher auf Russisch Witze. Der Türsteher war sogar ganz in Ordnung und hat mir auch ein paar Witze erzählt. Dann ist der Chef, also der Besitzer aufgetaucht.«

»Und?«

Kevin ließ sich mit der Antwort Zeit. Ich hörte, wie er an einer Zigarette zog.

»Nichts und. Ich bin dann aufgestanden, hab dem Typen die Hand auf die Schulter gelegt und meinte: Hey, ich fasse mich kurz. Ich bin kein Zuhälter, der Mädels Drinks für 150 Euro ausgibt. Wir beide wissen, dass die Mädels hier arbeiten. Meine Getränke hab ich schon bezahlt und zwei Getränke lege ich noch drauf. Nicht mehr und nicht weniger. Ich bin müde und muss noch gleich mit dem Bus nach Vilnius. Also sind wir im Geschäft?«

»Hehe. Gut gesagt. Aber ich dachte, du hättest dem Typen direkt auf die Fresse gegeben!«, lachte ich ins Handymikrofon. Dass Kevin gerne die Fäuste sprechen lässt, vor allem, wenn er betrunken ist, hat sich mittlerweile in halb NRW rumgesprochen.

»Nee, wär keine gute Idee gewesen. Also der Typ meinte daraufhin: Was willst du denn in Vilnius? Und ich sage: studieren. War ja nicht einmal gelogen. Er meinte dann: okay, wir sind quitt.«

»Tja, in was für Sachen du immer gerätst ...«, sagte ich und musste plötzlich an meine eigene Gran Canaria-Story denken, die ich Andrius, dem jungen Litauer im Bus nach Vilnius erzählt hatte.

»Bist du dann mit dem Bus nach Vilnius gefahren?«

»Oh ja, vier Stunden oder so. Ich war soo müde. Erst der Flug, dann das Rumlaufen in Riga, dann die Story in der Bar … Ich pflanz mich im Bus hin, total verkatert und denke: *jetzt kann ich bis Vilnius pennen.* Aber nein, direkt neben mir sitzt so ein Rentner-Ehepaar aus Deutschland. Der Mann hat einen Vilnius-Reiseführer in der Hand und fängt an, mich auszuquetschen: Waren Sie schon in Vilnius? Und waren sie hier schon mal? Ach, und *da* möchte meine Frau unbedingt hin, nicht wahr, Ursula? Und das ging dann so die ganze Fahrt … Bin dann abends in Vilnius angekommen, hab mich direkt in ein Café gesetzt, Kaffee getrunken, geraucht und überlegt, wo ich pennen sollte. Bin dann ins *Ambassador* auf dem Gediminas-Prospekt, weil das direkt gegenüber vom Café war. Dachte, das wäre ne teure Absteige, war es aber gar nicht. Stand dann erstmal eine halbe Stunde unter der Dusche, kalt warm, kalt warm, um überhaupt zu mir zu kommen …«

»Okay, okay, die Details kannst du mir später erzählen. Wie hast du denn deinen Flug verpasst?«

»Ah, das ist ne Geschichte für sich … Ich hab in Vilnius einen Deutschen kennengelernt, der da sein Auslandssemester gemacht hat. Echt cooler Typ. Wir waren in der Disko feiern, bis der Club dicht gemacht hat. Das war recht früh, weil es während der Woche war. Also hab ich den Typen und seine Freunde zu mir ins Hotelzimmer eingeladen. Wir gehen zu sechst an der Rezeption vorbei und das Mädel da meint: Entschuldigung, aber es können nur zwei Personen aufs Zimmer … Ich gehe zu der hin und sage: ›Hey, ich schmeiß heute eine kleine Party und du bist herzlich eingeladen.‹ Und gehe mit der Meute aufs Zimmer, ohne auf ihre Antwort zu warten …«

»Herrlich! Kevin, wie er leibt und lebt!«

»Dann haben wir irgendwann Hunger bekommen und sind mit dem Kollegen mit dem Taxi zum 24-Stunden-

Laden gefahren. Und zwar zu diesem Riesen-Supermarkt, wo es wirklich alles gibt. Haben uns da Hähnchen, Salate, Krabbensticks, Kümmelbrot, Chips, Preiselbeersaft und was weiß ich noch geholt. Am Ende hatte jeder von uns zwei fette Tüten in der Hand. Aber auf dem Rückweg haben wir kein Taxi bekommen und mussten zu Fuß latschen. Und das war verdammt weit … Wir gehen also die Straße runter und auf einmal sehe ich, wie ein Sonnenstudio an der Ecke gerade aufmacht. Wir hatten bereits sechs oder sieben Uhr morgens. Ich gehe dran vorbei und sehe, dass die da eine Ledercouch mit einem fetten Glastisch davor stehen haben. Wir gehen rein und ich sage: ›We don't want to sun, we only want to eat, okay?‹ Das Mädel da hat sich zwar ein bisschen erschrocken, hat aber nichts gesagt. Jedenfalls haben wir unsere Einkäufe auf dem Tisch ausgebreitet und fürstlich gespeist …«

»Oh man … Ihr geht vielleicht ab! Und deswegen hast du den Flug verpasst?«

»Nee … Am selben Abend waren ich und der Kollege auf einer Privatparty irgendwo am Rande der Stadt. Quasi im Ghetto. Und das Mädel, das uns eingeladen hatte, konnten wir auch nicht finden. Da waren nur Litauer und wir haben uns dort echt fehl am Platz gefühlt. Die Typen wollten uns dann testen von wegen: ›Hey, trinkt ihr Wodka?‹ Wir trinken ein, zwei, drei Pinchen, dann die ganze Flasche.«

»Und wohin das führt, wissen wir alle …«

»Na … Alles easy! Irgendwann tauen die Litauer auf und wir kommen ins Gespräch. Aber wir haben nichts mehr zu trinken. Also laufen wir zum Kiosk, um Nachschub zu holen. Als wir wiederkommen geht die Party erst los. Irgendwoher tauchen Mädels auf und wir schnallen, dass wir uns in einem Studentenwohnheim befinden. Wir müssen wieder zum Kiosk, der aber inzwischen zu hat. Stattdessen fahren wir mit dem Taxi zur Tanke. Die

Litauer sind natürlich mit von der Partie. Zurück im Wohnheim wird weitergefeiert, es riecht überall nach Hasch, irgendjemand kotzt auf alle Jacken, ich kuschel mit so einem süßen Mädel und penne irgendwann ein … Dann wache ich auf, total verkatert, sehe auf die Uhr und denke: *Oh oh. Mein Flug geht in einer Stunde* … Ich düse mit dem Taxi zum Flughafen, komme an meinem Gate an, sehe eine Stewardess oder so und sage: ›Ich möchte nach Düsseldorf‹ Sie fragt: ›Wann geht ihr Flug?‹ Ich sage: ›12 Uhr‹. Sie sagt: ›Aber wir haben bereits 12 Uhr.‹ Und ich sage: ›Na und?‹ Dann lacht sie mir ins Gesicht und meint: ›Sie müssen mindestens eine halbe Stunde bla bla bla …‹ Ich buche also den nächsten Flug, der erst zwei Tage später geht, und fahre mit dem Taxi zurück zum Studentenwohnheim … Ich weiß nicht einmal, wie ich überhaupt zurückgefunden hab, so besoffen war ich noch. Dann komme ich da an und suche den halben Laden nach dem Kollegen ab. Irgendwann finde ich ihn bei irgendeinem Mädel unter der Decke am Pennen und sage: ›Hey, ich hab meinen Flug verpasst …‹ Und was antwortet der? ›Juhu! Darauf müssen wir anstoßen!‹ Und zieht eine Schampus-Pulle unter der Decke hervor!«

»Hahaha! Genial … Was ist denn jetzt mit dem Psychologie-Studium? Kannst in Vilnius studieren?«

»Ähm … In Vilnius ist es nicht so einfach … Dafür aber in St. Petersburg! Da will ich demnächst hin …«

»Na dann Prost!«

Kapitel 5

Vanitas oder was?

Anderthalb Monate später saß ich wieder im Bus nach Vilnius. Auch diesmal war ich allein. Allerdings wollten die Jungs nachkommen, um vereint in der litauischen Hauptstadt Neujahr zu feiern.

Ich versuchte nicht an die Zeit ›danach‹ zu denken. ›Danach‹ war die Zeit nach dem bevorstehenden Wiedersehen. Hatte unsere Fernbeziehung eine Zukunft? Im Moment ja. Aber wie lange dauert ein Moment? Manchmal Jahre, manchmal Tage und manchmal eben nur einen Moment …

Als wir uns am Busbahnhof von Vilnius wiedersahen, merkte ich, dass sich etwas verändert hatte.

Sie war es nicht – sie hatte sich nicht verändert, sah nach wie vor umwerfend aus. Dafür stimmte etwas nicht mit mir. Aus unerklärlichen Gründen empfand ich ihr gegenüber nicht mehr das Gleiche, wie noch vor einigen Wochen. Und das Schlimme war, dass ich ihr nichts vorwerfen konnte.

Von außen gesehen änderte sich wenig. Wir gingen aus, hielten Händchen, hatten Sex. Die Emotionen waren noch da. Und wir beide hofften, dass es besser werden würde. Dass es nur ein vorübergehendes Tief war …

Als sie an einem Vormittag arbeiten musste, beschloss ich, die Zeit zu nutzen, um mir endlich das berühmte KGB-Museum von Vilnius anzuschauen, das noch bis 1991 als Hochsicherheitsanlage diente. Heute kann man dort die winzigen Zellen besichtigen, in denen Regimekritiker und Freiheitskämpfer zu Sowjetzeiten eingesperrt, gefoltert und ermordet wurden. Während des Zweiten Weltkrieges kamen fast eine halbe Million Litauen ums Leben. Andere wurden nach Sibirien deportiert, um in Straflagern unter unmenschlichen

Bedingungen bis zu ihrem Tod zu schuften. Zwischen 1944 und 1952, also nach dem Ende des Zweiten Weltkrieges, sollen weitere 250.000 Litauer getötet oder deportiert worden sein. Viele davon waren Widerstandskämpfer, die sich in den Wäldern rund um Vilnius versteckten …

Wenn ich nur vorher gewusst hätte, was für einen verstörenden Eindruck dieser Ort auf mich hinterlassen würde … Das Blut an den Wänden, die Erschießungskammer mit dem riesigen Loch in der Wand, das unzählige Kugeln geformt haben; die Folterkammern mit einem winzigen Metallsockel, auf dem Gefangene verharren mussten, um nicht ins Eiswasser zu fallen; die schalldichte Gummizelle, blutige Zwangsjacken, Fotos bestialisch gefolterter und ermordeter Gefangener – das alles war zu viel für mich.

Als ich aus dem Museum rauskam, war mir immer noch schwarz vor Augen. Ich setzte mich auf eine Bank im Park, um wieder zu mir zu kommen.

Ausgerechnet an diesem Abend wollte Victoria shoppen gehen. Benommen und lustlos schlenderte ich stundenlang hinter ihr her. Dann schließlich, auf dem Hauptplatz von Vilnius, genau an der Stelle, an der wir uns einst zum ersten Mal verabredet hatten, zog sie mich beiseite.

»Ich kann so nicht weiter …«, sagte sie. Tränen kullerten ihre Wangen hinunter. Sie blickte zur Seite und schwieg. Ohne etwas zu sagen schaute ich zur riesigen Kathedrale vor mir empor. Die Engelfiguren schauten verächtlich über mich hinweg. Sie widerten mich an.

An jenem Abend schliefen wir in getrennten Betten. Ich lag in der Dunkelheit und bohrte mit den Augen ein Loch in die Decke. Mir war so mulmig, dass ich die ganze Nacht kein Auge zu bekam. Je mehr ich überlegte, was mit mir nicht stimmte, desto weniger Antworten fand ich. Insgeheim hoffte ich, dass sie zu mir ins Bett kommen würde und alles ein Happy End nehmen würde. Aber sie tat es nicht. Ich Idiot leider auch nicht.

Am Morgen packte ich meine Sachen und verabschiedete mich ohne viele Worte von ihr.

Ich trudelte mit gesenktem Kopf zur Bushaltestelle, kaufte mir am Kiosk ein Fahrticket und fixierte den Schnee unter meinen Füßen, bis der Bus kam.

Eine Stunde später erreichte ich die Wohnung, die die Jungs angemietet hatten. Den Geräuschen nach zu urteilen, die aus dem Inneren vordrangen, waren sie bereits angekommen. Ich legte mein Ohr an die Tür und lauschte kurz.

»Oohoohoo du hübsches Ding, ich versteck meinen Ehering …« dröhnte es aus den Lautsprechern.

Es konnte heiter werden. Als ich die Wohnung betrat, veranstalteten die Jungs gerade einen Wettbewerb, um rauszufinden, wer zusammengeknüllte Socken aus dem Badezimmer am treffsichersten in die Waschmaschine in der Küche befördern konnte. Im Anschluss wartete ein Dance Battle zwischen Jamal und Kevin zu *Rapper's Delight* der Sugarhill Gang.

Wie sich schnell herausstellte, war Trübsal blasen in der Gesellschaft von Partywütigen praktisch unmöglich. Und das war auch gut so. Ich konnte Ablenkung gut gebrauchen …

Lost in Vilnius

Irgendwas knallte hinterm Fenster und ich wachte auf. Die Uhr zeigte 11:14. Mit halb offenen Augen tastete ich die Wohnung nach Leben ab. Alles erinnerte an den Vorabend: leere Flaschen, Gläser und Chipstüten vermischten sich mit T-Shirts, CDs und dreckigen Schuhen. Mitten im Chaos, auf der Couch gegenüber, schlummerte Kosta. Sein Gesichtsausdruck, der offene Mund erinnerte mich unweigerlich an Edvard Munchs Bild ›Der Schrei‹. Ich lachte leise auf. Kosta gab keine Reaktion von sich. Jamal und Kevin schnarchten im Zimmer neben an.

In der Küche trank ich ein Glas *Mors*, gezuckerten Preiselbeersaft, und schaute eine Weile aus dem Fenster. Die Straße unter uns, auf der normalerweise reger Verkehr herrschte, war bedeckt mit einer frischen Schicht Schnee. Weit und breit war kein Auto zu sehen. Dann fiel mir endlich ein, dass wir den 31. Dezember hatten. Alle waren wohl mit den Festvorbereitungen beschäftigt. Bei uns dagegen waren alle mit Schlafen beschäftigt.

Während ich den verkaterten Blick über die schneebedeckten Dächer von Vilnius wandern ließ, hämmerte mir ein einziger Gedanke gegen die Schädeldecke: *Würde ich sie nie wieder sehen?*

Ich zog mich an, rüttelte an Kosta bis er »okay, okay, weiß Bescheid« von sich gab und verließ die Wohnung.

Draußen war es ziemlich frisch, ein paar Grad unter Null. Während ich unseren Innenhof Richtung Hauptstraße durchquerte, funkte mein Verstand dazwischen. Mir fiel mir ein, dass mein Uhrarmband repariert werden musste und ich machte mich auf zum nächsten Einkaufszentrum. Offenbar war ich nicht bereit, sie wiederzusehen.

Alles um mich herum schien wie gefroren. Die Straßen waren leer und ich bekam das Gefühl, ich würde das Falsche tun, weil alle anderen offensichtlich etwas Wichtigeres zu tun hatten, als draußen in der Kälte herumzuschlendern. Für einen Moment fühlte ich mich entsetzlich einsam.

Doch dann, ich war bereits in der Nähe des Einkaufszentrums, tauchten immer mehr Menschen auf. Menschen, die eilig zum oder aus dem Kaufparadies stürmten. Meist Mütter mit leicht besorgten Gesichtern, vereinzelt Familienväter mit einer Sektflasche in der Hand und einem verlorenen, suchenden Gesichtsausdruck.

Ich stellte mich auf die Rolltreppe, die Richtung Obergeschoss glitt und genoss die warme Luft, die mir entgegen strömte. Von der allgemeinen Hektik angesteckt, fing ich an darüber nachzudenken, was wir noch unbedingt besorgen mussten. Zum Glück war das Uhrengeschäft gleich um die Ecke. Bis dahin versuchte ich Gedanken an sie abzulenken, indem ich nachdachte, wie viele Sektflaschen pro Person diese Nacht wohl angemessen wären.

Das Uhrengeschäft war zu. Ich überlegte kurz, was ich machen sollte. *Europa*, das Einkaufszentrum auf der anderen Seite der Neris wäre einen Versuch wert. Ich steckte mir die Köpfhörer des mp3-Spielers in die Ohren, stellte den Player auf Zufallswiedergabe und drückte auf *play*. Es ertönte *maybe* von Brainstorm.

Europa war ein gutes Stück entfernt, dennoch entschied ich mich, zu Fuß zu gehen. Ich war mir nicht mal sicher, ob Busse überhaupt fuhren.

Im Einkaufszentrum *Europa* war mehr als die Hälfte der Geschäfte dicht. Ich konnte mich immer noch nicht entscheiden, ob ich zu ihr fahren sollte. *Nein, anrufen war ausgeschlossen. Sie würde nicht rangehen.* Ich wusste nicht einmal, was ich ihr sagen wollte.

Ich hörte mich bei Verkäuferinnen um und wurde an die größte Shopping Mall der Stadt, *Akropolis,* verwiesen. »Da ist ein Uhrengeschäft mit einem Meister, der kann echt alles! Bus 53, gleich am Ausgang«, teilte mir eine junge Schmuckverkäuferin strahlend mit.

An der Haltestelle lungerten ein paar Halbwüchsige in Baggy-Pants und bunten Baseball-Jacken. Als sie hinter der Scheibe der Haltestellte eine Frau im Minirock und Pelz-Mäntelchen entdeckten, versuchten sie sich in Grimasseziehen. Die Frau versuchte die Jungs nicht zu beachten, doch ihre unnatürliche Mimik verriet, dass ihr das Ganze unangenehm und peinlich war. Was die Truppe noch mehr herauszufordern schien. Sie lachten im Sekundentakt, die Frau auf der anderen Seite der Scheibe existierte für sie nicht wirklich, sie war nur ein Zeitvertreib. Als die Frau verschwand, verstummten sie. Der Bus ließ auf sich warten. Einer der drei – der, der am Lautesten gelacht hatte – schlich umher, bis er schließlich wie zufällig in meiner Nähe stehen blieb. Ich schielte zu ihm rüber. Er schien nervös, unsicher zu sein - so als wollte er etwas sagen, traute sich aber nicht. Dann schaute er mich ganz kurz mit einem schiefen Lächeln an und sagte:

»Wenn ich erwachsen bin, werde ich auch so groß sein wie du ...« Ich zog einen Mundwinkel leicht nach oben und nickte mit dem Kopf. Ich wusste nicht, was ich sagen sollte. Ich bin ja nicht einmal besonders groß.

Zum Glück kam in diesem Moment mein Bus angefahren. Ich stieg ein, stempelte meine Fahrkarte ab und nahm in der hintersten Reihe Platz. Der Bus war fast leer, nur quer gegenüber saß eine blonde Frau Ende zwanzig. Ihr makelloses Gesicht erinnerte mich an die Schönheiten, die auf den unzähligen Plakatwänden abgebildet sind und die stets an einem vorbeischauen. Als sie endlich durch einen Anruf abgelenkt wurde, musterte ich sie eingehend. Sie trug einen schicken bernsteinfarbenen Pelzmantel, eine schwarze Hose und hohe schwarze Lederstiefel. Auf ihrem Schoß lag eine elegante schwarze Designerhandtasche mit ausgefallenem Trageriemen. Ihr Gesicht war perfekt geschminkt, die Lippen glänzten leicht. Ich konnte nicht fassen, wie schön sie war ...

Dann ertappte ich mich dabei, dass ich ständig zu ihr rüberschaute, was mir selbst peinlich wurde. Plötzlich schaute sie in meine Richtung. Für eine Sekunde schaute sie mir in die Augen und ich erkannte in diesem Blick so viel Wärme, so viel Innenleben, dass ich rasch den Blick abwand. An der nächsten Haltestelle musste ich raus, hinter den beschlagenen Scheiben zeichnete sich das Einkaufszentrum ab. Ich spielte eine Sekunde mit dem Gedanken, einfach sitzen zu bleiben, denn ich war wie gefesselt. Doch als sich die Türen öffneten, führte mein Körper automatisch eine Aufstehbewegung aus und im nächsten Moment sah ich mich mit einem Fuß in eine Schlammpfütze plumpsen.

Statt zum Uhrmacher zu gehen, ging ich stracks in den Supermarkt und kaufte eine kleine Torte.
Wenig später stand ich vor ihrer Haustür.

Als die beiden Schiebetüren die Aufzugskabine verdunkelten, ging mein Blick automatisch hoch zur Metallplatte mit dem ausgefrästen Ziffern 1 bis 13. Während eine Etage nach der anderen aufleuchtete, überlegte ich, was ich ihr eigentlich sagen wollte.

Mir fiel nichts ein. Vor ihrer Wohnungstür atmete ich tief durch und drückte schließlich die Klingel. Mein Herz begann wie wild zu trommeln. Im Kopf herrschte dröhnende Leere.

Es tat sich nichts. Ich klingelte nochmal. Kinderstimmen hallten durch das Treppenhaus, eisiger Wind pfiff plötzlich um die Ecke. Ich legte mein Ohr an die mit Holz verkleidete Tür. Im Inneren war nichts zu hören. Vielleicht wollte sie mich einfach nicht sehen, dachte ich und klingelte Sturm. Wenn ich sie wiedersehen wollte, muss ich hartnäckig bleiben …
Aber es half nichts. Die Tür blieb zu.

Auf der Suche nach einem Stück Papier wühlte ich in meinen Taschen. Ich fand nur einen Busfahrschein. Geknickt kritzelte ich ›Frohes Neues! Boris‹ auf die Rückseite, schob den Schein zwischen Schleife und Plastikdeckel und stellte die Torte auf die Fußmatte. Ich atmete aus und machte mich auf Richtung Aufzug. Die Schritte bis zum Aufzug glichen Stunden. Ich hoffte, dass hinter mir die Tür aufgehen würde …

Als die Schiebetüren des Aufzugs mich mit dem gräßlich-mechanischen Geräusch begrüßten, blickte ich ein letztes Mal zurück und betrat schließlich die Aufzugskabine. Sie erinnerte mich an eine Einzelzelle.

Eine Hoffnung hatte ich noch. Vielleicht war sie einfach nur auf der Arbeit. Also machte ich mich auf zum Restaurant, in dem sie arbeitete.

Im Einkaufszentrum, in dem sich das Restaurant befand, verbrachte ich eine gute Viertelstunde auf der Toilette. Ich schaute mich im Spiegel an und spülte das Gesicht immer wieder mit kaltem Wasser ab. Mit Klopfen in der Brust betrat ich das Restaurant. Ich konnte sie nirgends sehen und wendete mich schließlich an eine Kellnerin.

Es stellte sich heraus, dass Victoria in ihre Heimatstadt *Panevezys* gefahren war - rund 120 km von Vilnius entfernt. Die Kellnerin war nicht sonderlich gesprächig. Ihr abwertender Blick verriet mir, dass sie über uns Bescheid wusste. Mehr noch, mir war unmittelbar klar, wie Victoria sich nun fühlte. Irgendwie schien die ganze Belegschaft informiert zu sein, denn nun warfen mir alle Kellnerinnen verachtende Blicke zu. Mit Wut im Bauch trat ich nach draußen.

Sie alle wussten gar nichts! Ich wusste nicht einmal selber, was da zwischen uns passiert, was überhaupt los war.

Während ich zur Bushaltestelle schlenderte, horchte ich in mich hinein. In meinem Inneren war plötzlich alles wie erstarrt. Ich wollte, alles wäre nur ein Traum. Ein böser Traum. Ich wollte wieder von ihren zarten Lippen geweckt werden. Aber es war kein Traum. Es war die Realität. Und diese sah sehr danach aus, dass ich sie nie wieder sehen würde.

Au revoir?

Monate gingen vorbei. Monate, die sich leer anfühlten, in denen nichts Nennenswertes passierte. Ich hatte versucht sie anzurufen, doch sie hatte ihre Nummer geändert und antwortete nicht auf E-Mails …

Und dann war ich wieder da. Ich war mit meinen Freunden wieder in Vilnius. Diesmal besuchten wir einen Freund, der in Litauens Hauptstadt ein Auslandssemester absolvierte.

Ich war einkaufen, als sie plötzlich in mich lief.

Sie hatte sich verändert, ihre Haare waren nun kurz und blond statt schwarz und schulterlang. In ihren Augen erkannte ich leichte Wehmut. Vielleicht bildete ich es mir auch nur ein. Sie war genauso überrascht wie ich. Wir unterhielten uns eine Weile, sie war nervös, ich umso mehr.

Ich fragte sie nach ihrer Nummer. Sie zögerte einen Moment, doch schließlich zog sie ihr Handy hervor.

Noch am selben Abend wählte ich ihre Nummer.

Sie ging nicht ran. Ich wählte die Nummer erneut. Erfolglos. Ich wartete und wartete. Doch sie rief nicht zurück.

Ich hatte jede Hoffnung auf ein Wiedersehen aufgegeben, als mich Wochen später eine E-Mail erreichte. Im Absenderfeld stand ihr Name. Die Mail enthielt kein einziges Wort, nur zwei Zeichen. Aber diese Zeichen sagten mir mehr als jeder Roman:

:*

Inhalt

Herstellung und Verlag:
Books on Demand GmbH, Norderstedt
ISBN 978-3-8482-0007-8